DIREITO AMBIENTAL
TÓPICOS RELEVANTES E ATUALIDADES

DIREITO AMBIENTAL
TÓPICOS RELEVANTES E ATUALIDADES

Fábio Takeshi Ishisaki

Freitas Bastos Editora

Copyright © 2022 by Fábio Takeshi Ishisaki.
Todos os direitos reservados e protegidos pela Lei 9.610, de 19.2.1998.
É proibida a reprodução total ou parcial, por quaisquer meios,
bem como a produção de apostilas, sem autorização prévia,
por escrito, da Editora.

Direitos exclusivos da edição e distribuição em língua portuguesa:

Maria Augusta Delgado Livraria, Distribuidora e Editora

Editor: *Isaac D. Abulafia*
Diagramação e Capa: *Luiz Cláudio de Melo*

Dados Internacionais de Catalogação na Publicação (CIP) de acordo com ISBD

```
179d     Ishisaki, Fábio Takeshi
             Direito ambiental: tópicos relevantes e
         atualidades / Fábio Takeshi Ishisaki. - Rio de
         Janeiro, RJ : Freitas Bastos, 2022.
             154 p. : 15,5cm x 23cm.
             ISBN: 978-65-5675-222-8
             1. Direito. 2. Direito ambiental. I. Galini,
         Marcos Evandro. II. Título.

2022-3171                                    CDD 341.347
                                             CDU 34.502.7
```

Elaborado por Vagner Rodolfo da Silva – CRB-8/9410

Índices para catálogo sistemático:
1. Direito ambiental 341.347
2. Direito ambiental 34:502.7

Freitas Bastos Editora
atendimento@freitasbastos.com
www.freitasbastos.com

SOBRE O AUTOR

Mestre em Ciência Ambiental (Universidade de São Paulo – USP). MBA em Gestão e Tecnologias Ambientais (Universidade de São Paulo – USP). Bacharel em Direito (Pontifícia Universidade Católica de São Paulo – PUC SP). Membro do Grupo de Trabalho (GT) Meio Ambiente e associado da Sociedade Brasileira para o Progresso da Ciência (SBPC). Associado da Associação de Professores de Direito Ambiental do Brasil (APRODAB). Autor de diversos artigos publicados em periódicos conceituados. Professor de Direito Ambiental em cursos de graduação e pós-graduação. Palestrante na área ambiental. Pesquisador vinculado a grupos de pesquisa da PUC SP e USP. Advogado e consultor jurídico.

SUMÁRIO

SOBRE O AUTOR 5
1 - NOTA DO AUTOR 9
2 - ASPECTOS GERAIS DE DIREITO AMBIENTAL 11
3 - PRINCÍPIOS DO DIREITO AMBIENTAL 13
    3.1.1 Princípio do meio ambiente ecologicamente equilibrado 15
    3.1.2 Princípio da Solidariedade (ou equidade) Intergeracional 16
    3.1.3 Princípio do Desenvolvimento Sustentável 17
    3.1.4 Princípio da Precaução 19
    3.1.5 Princípio da Prevenção 19
    3.1.6 Princípio do Poluidor-Pagador 20
    3.1.7 Princípio do Protetor-Recebedor 21
    3.1.8 Princípio do Usuário-Pagador 22
    3.1.9 Princípio da vedação do retrocesso 23
   3.2 Questões 26
   3.3 Gabarito 27
4 - ADMINISTRAÇÃO PÚBLICA AMBIENTAL 28
5 - DANO X POLUIÇÃO X DEGRADAÇÃO X IMPACTO 31
    5.1.1 Responsabilidade por danos ambientais 33
        5.1.1.1 Responsabilidade civil 34
        5.1.1.2 Responsabilidade penal 36
        5.1.1.3 Responsabilidade administrativa 38
        5.1.1.4 Questões 41
        5.1.1.5 Gabarito 46
    5.1.2 Licenciamento ambiental 47
        5.1.2.1 Questões 53
        5.1.2.2 Gabarito 57
    5.1.3 Avaliação de Impacto Ambiental 58
        5.1.3.1 Questões 62
        5.1.3.2 Gabarito 63

6 - FLORA ... 64
- 6.1.1 Questões ... 65
- 6.1.2 Gabarito ... 66
- 6.2 Lei da Mata Atlântica ... 67
- 6.3 Código Florestal ... 69
- 6.3.1 Questões ... 77
- 6.3.2 Gabarito ... 79

7 - BIODIVERSIDADE ... 80
- 7.1.1 SNUC ... 80
- 7.1.1.1 Questões ... 94
- 7.1.1.2 Gabarito ... 98
- 7.1.2 Lei de Proteção à Fauna ... 99

8 - RECURSOS HÍDRICOS ... 101
- 8.1 Questões ... 105
- 8.2 Gabarito ... 106

9 - RESÍDUOS SÓLIDOS ... 107
- 9.1 Questões ... 113
- 9.2 Gabarito ... 114

10 - POVOS INDÍGENAS ... 115
- 10.1 Questões ... 119
- 10.2 Gabarito ... 121

11 - URBANÍSTICO ... 122
- 11.1 Questões ... 127
- 11.2 Gabarito ... 129

12 - AÇÃO CIVIL PÚBLICA E AÇÃO POPULAR ... 130
- 12.1 Questões ... 132
- 12.2 Gabarito ... 133

13 - TEMAS ATUAIS ... 134
- 13.1 Direitos da Natureza ... 134
- 13.2 Instituições Financeiras, seguradoras e mudança do clima ... 146

14 - REFERÊNCIAS BIBLIOGRÁFICAS ... 148

1 - NOTA DO AUTOR

O presente livro nasce de uma proposta e de um propósito. A proposta é a de trazer um maior acesso para o mundo do Direito Ambiental. Livros e manuais temos aos montes, mas ainda numa linguagem (e talvez profundidade) que cria um cenário de possível afastamento da sociedade e dos estudantes, especialmente da graduação. O Direito Ambiental merece (e precisa) ser democratizado, e nisso entramos no propósito. O grande propósito do livro não é ser um fim em si mesmo, uma verdade absoluta ou mesmo uma abordagem de todo o conteúdo envolvido no Direito Ambiental (houve, sim, uma seleção de conteúdo). O que se busca aqui é introduzir e gerar massa crítica para as matérias tratadas, bem como abordar de forma leve e direta os temas, mas sem perder a profundidade da análise. Gerar interesse e curiosidade com base em conhecimentos passados e recentes, devidamente atualizados. Também buscamos fazer com que todos entendam, mesmo que de forma inicial, o Direito Ambiental e repliquem boas práticas no seu dia a dia, seja em âmbito pessoal ou profissional.

A democracia do conhecimento é necessária, o olhar pedagógico também. Democratizar não é simplificar ao ponto que todo o Direito Ambiental pareça pífio, mas sim fomentar a educação ambiental para que, cada vez mais, tenhamos um mundo melhor.

Reflito nessas páginas experiências diversas e não somente da literatura. Será possível verificar que trazemos algumas camadas de informações, sempre buscando exemplos, seja de normas ou de casos práticos. Foram selecionados tópicos recorrentes nos projetos pedagógicos das universidades, bem como alguns pouco usuais num curso regular, mas que merecem destaque.

Você que está com esse livro em mãos será, também, alguém se aventurando comigo nesse mundo. Ávila Coimbra, com maestria e qualidade que somente um "grande ser" (na altura, bondade e coração) tem, nos guia pelo seu livro "O outro lado do meio ambiente" na forma de viagem, como se fôssemos amigos de longa data mesmo que, na sua grande maioria, não o fossem. Não tenho essa pretensão. O meu objetivo aqui não é inflar meu ego ou expor meu currículo, mas sim de mostrar que o Direito Ambiental pode ser compreendido e que é apaixonante. Também que ele está em cada momento da nossa rotina ou, no mínimo, diariamente nas notícias que lemos e vemos. A mudança de comportamento e mentalidade vem, numa premissa inicial, do fomento à educação, o que se dá pela democratização do conhecimento.

Vamos, então, iniciar a conversa por aqui.

2 - ASPECTOS GERAIS DE DIREITO AMBIENTAL

Para se iniciar o caminho, primeiro é preciso saber quais são os aspectos gerais do Direito Ambiental, ou seja, alguns conhecimentos de partida e que, por consequência, são basilares.

O Direito Ambiental brasileiro tem bases fundantes na Constituição Federal, a qual estatui:

> "Art. 225. Todos têm direito ao meio ambiente ecologicamente equilibrado, bem de uso comum do povo e essencial à sadia qualidade de vida, impondo-se ao Poder Público e à coletividade o dever de defendê-lo e preservá-lo para as presentes e futuras gerações."

Daí, extraem-se algumas características essenciais ao Direito Ambiental:

- O meio ambiente ecologicamente equilibrado é um direito de todas e todos;
- Que o meio ambiente ecologicamente equilibrado é um bem de uso comum do povo;
- Que o meio ambiente ecologicamente equilibrado é essencial à sadia qualidade de vida;
- Que é dever tanto do Poder Público quanto da coletividade a sua defesa e preservação;
- Que há um cuidado intergeracional, sendo que as presentes e também as futuras gerações têm direito a um meio ambiente ecologicamente equilibrado.

Mas cabe salientar que outras questões elencadas no art. 225 na Constituição Federal serão explorados nos capítulos adiante.

A defesa do meio ambiente também está presente no dispositivo constitucional sobre a ordem econômica, sendo um dos seus princípios (art. 170, inciso VI). Também consta utilização adequada dos recursos naturais disponíveis e preservação do meio ambiente como requisito para o atendimento, pela propriedade rural, da sua função social (art. 186, inciso II). No que tange o sistema único de saúde, a colaboração na proteção do meio ambiente é uma das suas atribuições (art. 200, inciso VIII). É garantido também o direito de qualquer cidadão propor ação popular para buscar a anulação de ato lesivo ao meio ambiente (art. 5º, inciso LXXIII).

Norma também fundamental no Direito Ambiental brasileiro é a Lei Federal 6.938/1981, que dispõe sobre a Política Nacional do Meio Ambiente (PNMA), a qual tem por objetivo "*a preservação, melhoria e recuperação da qualidade ambiental propícia à vida, visando assegurar, no País, condições ao desenvolvimento socioeconômico, aos interesses da segurança nacional e à proteção da dignidade da vida humana*" (art. 2º, *caput*). Também serão abordados nos próximos capítulos pontos relevantes da norma de forma específica. De se destacar, que a PNMA estabeleceu um conceito de "*meio ambiente*", entendido como "*o conjunto de condições, leis, influências e interações de ordem física, química e biológica, que permite, abriga e rege a vida em todas as suas formas*" (art. 3º, inciso I).

3 - PRINCÍPIOS DO DIREITO AMBIENTAL

Para entender as normas jurídicas, é necessário se entender também o que são os princípios. Nesse ponto, é interessante se pensar, de forma mais visual, em uma edificação. Os princípios jurídicos são as estruturas, o que dá sustentação e força ao nosso sistema normativo. Celso Antônio Bandeira de Mello (2011) estatui:

> "Princípio é, pois, por definição, mandamento nuclear de um sistema, verdadeiro alicerce dele, disposição fundamental que se irradia sobre diferentes normas, compondo-lhes o espírito e servindo de critério para exata compreensão e inteligência delas, exatamente porque define a lógica e a racionalidade do sistema normativo, conferindo-lhe a tônica que lhe dá sentido harmônico."[1]

Paulo Affonso Leme Machado e Maria Alexandra Aragão (2022) expõem:

> "Os princípios nunca são suficientes por si sós. O legislador não pode simplesmente estabelecer princípios na forma de lista de desejos, sem se envolver em concretas revisões. (...)
>
> Os princípios têm funções importantes das quais se destacam a integração de lacunas legais e a correção de antinomias normativas aparentes. Os princípios servem ainda como orientadores da atuação administrativa, empresarial ou individual, como auxiliares na interpretação judicial ou criando imposições legiferantes. Os princípios asseguram, a diversos níveis, a coerência do ordenamento jurídico, ajudando o intérprete e o aplicador do Direito a procurar analogias e pontos de conexão que lhe permitam procurar as soluções jurídicas mais efetivas para os problemas com que se deparam."[2]

Nesse contexto, importante ter-se em mente que as normas são "as paredes e tudo que preenche" as estruturas da dita "edificação", dando concretude e implementação aos princípios jurídicos. São, pois, o direito

---

[1] MELLO, Celso Antônio Bandeira de. Curso de Direito Administrativo. 28ª edição. São Paulo: Malheiros, p. 54, 2011
[2] MACHADO, Paulo Affonso Leme. ARAGÃO, Maria Alexandra. Princípios de Direito Ambiental. São Paulo: Editora JusPodivm, 2022, p. 37 e 39.

posto na legislação vigente, editado e publicado. Especificamente quanto à aplicação das normas, deve-se sempre se nortear pela aplicação, também, dos princípios jurídicos, pois são eles que dão a coerência, razão e norte interpretativo.

José Afonso da Silva (2013) explica:

> *"Princípios são matérias de fato no sentido de que não são invenções teóricas, mas fatos reais. (...)*
>
> *O que é importante é ressaltar que o caráter comum de todos os princípios é o de ser fonte, de onde derivam o ser, a geração, ou o conhecimento, entre os quais uns são imanentes, outros, exteriores"*[3]

No Direito Brasileiro, diversos princípios fundantes estão normatizados na Constituição Federal e legislação correlata. Não é raro verificar-se no Direito Ambiental que há julgados se ancorando nos princípios para dar concretude à interpretação de determinada norma ou conduta, especialmente nos Tribunais Superiores.

Na legislação ambiental, importante destacar que a Lei Federal 6.938/1981 (Política Nacional do Meio Ambiente), norma fundante do Direito Ambiental brasileiro, estabelece os seus princípios norteadores:

> *"Art. 2º. A Política Nacional do Meio Ambiente tem por objetivo a preservação, melhoria e recuperação da qualidade ambiental propícia à vida, visando assegurar, no País, condições ao desenvolvimento sócio econômico, aos interesses da segurança nacional e à proteção da dignidade da vida humana, **atendidos os seguintes princípios**:*
>
> *I - ação governamental na manutenção do equilíbrio ecológico, considerando o meio ambiente como um patrimônio público a ser necessariamente assegurado e protegido, tendo em vista o uso coletivo;*
>
> *II - racionalização do uso do solo, do subsolo, da água e do ar;*
>
> *III - planejamento e fiscalização do uso dos recursos ambientais;*
>
> *IV - proteção dos ecossistemas, com a preservação de áreas representativas;*

---

[3] SILVA, José Afonso da. O ser das regras, das normas e dos princípios constitucionais. Em Revista do Ministério Público. Número 47. Rio de Janeiro: MPRJ, 2013, p. 101-103.

> *V - controle e zoneamento das atividades potencial ou efetivamente poluidoras;*
>
> *VI - incentivos ao estudo e à pesquisa de tecnologias orientadas para o uso racional e a proteção dos recursos ambientais;*
>
> *VII - acompanhamento do estado da qualidade ambiental;*
>
> *VIII - recuperação de áreas degradadas;*
>
> *IX - proteção de áreas ameaçadas de degradação;*
>
> X - educação ambiental a todos os níveis do ensino, inclusive a educação da comunidade, objetivando capacitá-la para participação ativa na defesa do meio ambiente." (destacamos)

Com esse passo dado, abaixo serão abordados os princípios atinentes ao Direito Ambiental.

3.1.1 PRINCÍPIO DO MEIO AMBIENTE ECOLOGICAMENTE EQUILIBRADO

O princípio do meio ambiente ecologicamente equilibrado decorre da própria redação da Constituição Federal (art. 225, *caput*). É, pois, a busca por se evitar os desequilíbrios significativos ao meio ambiente, aqui se compreendendo que o equilíbrio é diferente da "estagnação". Importante ter em mente tal adendo, pois qualquer atividade humana gerará impactos ou alterações no meio ambiente, notadamente pela lógica da vida. Contudo, o que se busca aqui é que não haja um impacto/alteração tal que afete negativamente o meio ambiente, causando, pois, o desequilíbrio de relações e afetando, por consequência, a vida no planeta (não somente a humana, dentro da visão holística de meio ambiente).

Paulo Affonso Leme Machado e Maria Alexandra Aragão (2022) trazem:

> *"A especial característica do princípio é a de que o desequilíbrio ecológico não é indiferente ao Direito, pois o Direito Ambiental realiza-se somente numa sociedade equilibrada ecologicamente."*[4]

---

[4] MACHADO, Paulo Affonso Leme. ARAGÃO, Maria Alexandra. Princípios de Direito Ambiental. São Paulo: Editora JusPodivm, 2022, p. 37 e 39.

3.1.2 PRINCÍPIO DA SOLIDARIEDADE (OU EQUIDADE) INTERGERACIONAL

O princípio da solidariedade intergeracional também decorre da Constituição Federal quando é estabelecido que o meio ambiente deve ser defendido e preservado *"para as presentes e futuras gerações"* (art. 225, *caput*). Esse princípio tem como foco defender/preservar o meio ambiente no presente para que as próximas gerações tenham acesso a condições ambientais iguais ou melhores às atuais. É um compromisso da geração presente com as que virão (ou, no mínimo, aquelas que ainda não possuem poder de escolha).

Assim, deve-se atuar no presente com olhar para o futuro.

Segundo jurisprudência, tem-se:

> "EMENTA
>
> ADMINISTRATIVO. AMBIENTAL. RECURSO ESPECIAL. SUPRESSÃO DE VEGETAÇÃO. NECESSIDADE DE AUTORIZAÇÃO. PRINCÍPIO DA SOLIDARIEDADE AMBIENTAL. INEXISTÊNCIA DE DIREITO ADQUIRIDO À MENOR PATAMAR PROTETIVO. FATO CONSUMADO. INVIÁVEL EM MATÉRIA AMBIENTAL.
>
> (...)
>
> 2. *Inicialmente, é importante elucidar que o* **princípio da solidariedade intergeracional estabelece responsabilidades morais e jurídicas para as gerações humanas presentes em vista da ideia de justiça intergeracional, ou seja, justiça e equidade entre gerações humanas distintas.** *Dessa forma, a propriedade privada deve observar sua função ambiental em exegese teleológica da função social da propriedade, respeitando os valores ambientais e direitos ecológicos. (...)"*
>
> (STJ, RECURSO ESPECIAL Nº 1.775.867 – SP, Segunda Turma, Relator Ministro Og Fernandes, julgado em 16/05/2019 – Destacamos)
>
> Trecho do voto da min. Cármen Lúcia
>
> **"Com fundamento nos princípios constitucionais** *do meio ambiente ecologicamente equilibrado, da proteção à saúde humana, do desenvolvimento sustentável e* **da equidade intergeracional**, *este Supremo*

> *Tribunal declarou válida proibição à importação de pneus usados ou remodelados (Arguição de Descumprimento de Preceito Fundamental nº 101/DF, de minha relatoria, DJ 4.6.2012)"*
>
> (STF, ADI 5.592, Relatora Ministra Cármen Lúcia, julgado em 11/09/2019 – Destacamos)

3.1.3 PRINCÍPIO DO DESENVOLVIMENTO SUSTENTÁVEL

O princípio do desenvolvimento sustentável foi erigido internacionalmente pelo famoso Relatório Nosso Futuro Comum (conhecido como "Relatório Brundtland" por conta da coordenação dos trabalhos ter sido realizada pela então primeira-ministra da Noruega, Gro Harlem Brundtland). Tem-se no relatório:

> *"O desenvolvimento sustentável é aquele que atende às necessidades do presente sem comprometer a possibilidade de as gerações futuras atenderem a suas próprias necessidades.*
>
> *(...)*
>
> *Em seu sentido mais amplo, a estratégia do desenvolvimento sustentável visa a promover a harmonia entre os seres humanos e entre a humanidade e a natureza. (...) a busca do desenvolvimento sustentável requer:*
> - *Um sistema político que assegure a efetiva participação dos cidadãos no processo decisório;*
> - *Um sistema econômico capaz de gerar excedentes e know-how técnico em bases confiáveis e constantes;*
> - *Um sistema social que possa resolver as tensões causadas por um desenvolvimento não-equilibrado;*
> - *Um sistema de produção que respeite a obrigação de preservar a base ecológica do desenvolvimento;*
> - *Um sistema tecnológico que busque constantemente novas soluções;*
> - *Um sistema internacional que estimule padrões sustentáveis de comércio e financeiro;*
> - *Um sistema administrativo flexível e capaz de autocorrigir-se.*

> *Estes requisitos têm antes o caráter de objetivos que devem inspirar a ação nacional e internacional para o desenvolvimento."*[5]

Ainda, a Declaração do Rio estabelece que (i) o centro das preocupações do desenvolvimento sustentável são os seres humanos, especialmente no sue direito à vida saudável, produtiva e em harmonia com a natureza (Princípio 1); (ii) proteção ambiental deve ser integrada no processo de desenvolvimento, sem considera-la isoladamente (Princípio 4); (iii) tanto Estados quanto indivíduos devem cooperar para haver a erradicação da pobreza e diminuição das disparidades de padrão de vida (Princípio 5); (iv) reduzir e eliminar padrões de produção e consumo que sejam insustentáveis (Princípio 8); (v) a ciência e novas tecnologias devem ser fortalecidas e intensificadas (Princípio 9); (vi) necessária participação das mulheres, dos jovens e dos povos indígenas (Princípios 20, 21 e 22).

Verifica-se, portanto, algumas características importantes nesse princípio. O primeiro é de que se relaciona diretamente com o princípio da solidariedade intergeracional exposto anteriormente. Segundo, o viés é, na égide, humanista e de preocupação entre os seres. Há nos documentos acima citados uma forte linha de raciocínio no sentido de que é necessário se erradicar a pobreza e dar chances equitativas de acesso às melhores condições de vida para todos, mas com vistas a se proteger e preservar o meio ambiente. Terceiro, o desenvolvimento sustentável demanda, também, uma democracia participativa e que seja dada voz aos cidadãos, especialmente nas decisões políticas. Quarto, um fomento à produção dentro de padrões e eficiências (inclusive tecnológicas) que cumpram a função de cada vez mais serem protetoras do meio ambiente e da sociedade.

A literatura sobre esse princípio traz, em sua grande maioria, uma conceituação muitas vezes reducionista, focando-se somente em expor que deve haver foco no tripé social-ambiental-econômico. Contudo, o princípio do desenvolvimento sustentável vai além e mesmo que haja a aplicação do dito "tripé", ele deve ser visto dentro de bases mínimas, pois, caso não se tenha uma parametrização clara e lógica, há a possibilidade de se desvirtuar os ganhos históricos na pauta ambiental.

---

[5] Comissão Mundial sobre o Meio Ambiente e Desenvolvimento. Nosso Futuro Comum. 2ª edição. Editora FGV: Rio de Janeiro. 1991, p. 46-70.

3.1.4 PRINCÍPIO DA PRECAUÇÃO

O princípio da precaução tem fundamento na Declaração do Rio, na qual é estabelecido:

> *"Princípio 15: De modo a proteger o meio ambiente, o princípio da precaução deve ser amplamente observado pelos Estados, de acordo com as suas capacidades. Quando houver ameaça de danos sérios ou irreversíveis, a ausência de absoluta certeza científica não deve ser utilizada como razão para postergar medidas eficazes e economicamente viáveis para prevenir a degradação ambiental."*

Assim, esse princípio trata de riscos ou impactos desconhecidos pela incerteza científica (perigo abstrato, risco incerto), buscando evitar impactos negativos e danos ao meio ambiente.

Sobre o tema, tem-se na jurisprudência do STJ:

> *Trecho do voto do relator*
>
> *"Feitas essas considerações, não obstante a responsabilidade ser objetiva, o dano ser evidente e a necessidade de comprovação do nexo de causalidade ser a regra, não se pode deixar de ter em conta os princípios que regem o direito ambiental (precaução, prevenção e reparação), principalmente, para a hipótese, **o Princípio da Precaução, no qual o meio ambiente deve ter em seu favor o benefício da dúvida no caso de incerteza (por falta de provas cientificamente relevantes) sobre o nexo causal entre determinada atividade e um efeito ambiental negativo.**"*
>
> (STJ, AgInt no AGRAVO EM RECURSO ESPECIAL Nº 1311669 – SC, Relator ministro Ricardo Villas Bôas Cueva, Terceira Turma, julgado em 04/12/2018 – Destacamos)

3.1.5 PRINCÍPIO DA PREVENÇÃO

Diferentemente do princípio da precaução, o princípio da prevenção se foca na situação de conhecimento dos impactos negativos de determinada atividade, notadamente para se antecipar ações para se evitá-los.

Paulo Affonso Leme Machado e Maria Alexandra Aragão (2022) bem dizem:

> *"Para que se possa prevenir adequadamente é preciso antes predizer. A prevenção comporta já uma ação ou uma omissão e para que isso se realize torna-se necessário um procedimento anterior – a tomada de consciência de uma situação aparentemente ou de fato perigosa ou de risco, através de reflexão, de verificação e de análise".*

Não há definição expressa desse princípio na legislação, apesar da sua concretude na literatura especializada, na interpretação da legislação vigente e aplicação nos casos práticos. Quando muito, pode-se interpretar a sua internalização na legislação pela determinação, na Constituição Federal, da obrigação do Poder Público e da coletividade defender e preservar o meio ambiente para as presentes e futuras gerações (art. 225, *caput*).

Segundo jurisprudência do STF, tem-se:

> Trecho do voto da relatora
>
> *"Além de intrínseco ao dever de proteção do meio ambiente equilibrado imposto ao Poder Público e à sociedade pela Constituição da República, o dever de prevenção contra danos ambientais tem previsão em tratados internacionais ratificados pelo Brasil, como a Convenção de Basileia sobre o Controle de Movimentos Transfronteiriços de Resíduos Perigosos e seu Depósito de 1989 (Decreto nº 875/1993) e a Convenção sobre Diversidade Biológica (Decreto nº 2.519/1998)"*
>
> (STF, Ação Direta de Inconstitucionalidade 5.475, Relatora Ministra Cármen Lúcia, julgado em Plenário Virtual de 10/04/2020 a 17/04/2020)

3.1.6 PRINCÍPIO DO POLUIDOR-PAGADOR

O princípio do poluidor pagador tem fundamento na Constituição Federal (art. 225, § 3º) quando se estabelece que quando das condutas e atividades consideradas lesivas ao meio ambiente, os infratores estarão sujeitos à tríplice responsabilidade por danos ambientais (civil, penal e administrativa). Ainda, a Declaração do Rio traz:

"Princípio 16 Tendo em vista que o poluidor deve, em princípio, arcar com o custo decorrente da poluição, as autoridades nacionais devem promover a internalização dos custos ambientais e o uso de instrumentos econômicos, levando na devida conta o interesse público, sem distorcer o comércio e os investimentos internacionais."

A Lei Federal 6.938/1981 (Política Nacional do Meio Ambiente) estatui que visará, dentre outros pontos, a imposição aos poluidores e predadores da obrigação de recuperar e/ou indenizar os danos causados (art. 4º, inciso VII). Ainda, é expressamente previsto na Lei Federal 12.305/2010 (Política Nacional de Resíduos Sólidos) como um dos seus princípios (art. 6º, inciso II).

Importante ressaltar que o Princípio é de "poluidor pagador" e não "pagador poluidor", ou seja, não se paga para poder poluir, mas é responsabilizado por aqueles danos que causar ao meio ambiente. Se o pensamento fosse inverso, teríamos a situação de salvo conduto a quem tem poder aquisitivo alto degradar o meio ambiente ao seu bel prazer.

Segundo jurisprudência do STF, tem-se:

Trecho do voto do relator

"O direito ambiental é norteado por diversos princípios, dentre eles o princípio do poluidor-pagador, que fundamenta a reparação pelos danos ambientais. Por este princípio, entende-se que ao empreendedor deve ser imputado o custo social externo de sua produção. Em outras palavras, durante o processo de produção, não é proporcional que o empreendedor apenas aufira os lucros, enquanto a sociedade suporta os prejuízos decorrentes de sua atividade (externalidades negativas)."

(STF, RECURSO EXTRAORDINÁRIO 654.833 ACRE, Relator Ministro Alexandre de Moraes, julgado em 20/04/2020)

3.1.7 PRINCÍPIO DO PROTETOR-RECEBEDOR

O princípio do protetor-recebedor está expressamente previsto na Lei Federal 12.305/2010 (Política Nacional de Resíduos Sólidos) como um dos seus princípios (art. 6º, inciso II). É, pois, princípio que foca na retribuição positiva pela recuperação/preservação dos recursos naturais e serviços ambientais.

Na jurisprudência do STF, tem-se:

> *Trecho do voto-vista*
>
> "Dados os compromissos assumidos pelo Estado brasileiro nesta temática, **não há dúvidas de que a simples inércia do Poder Público em torno do oferecimento de incentivos econômicos à utilização de insumos recicláveis já seria, em si mesma, conduta altamente censurável**. Mas, no presente caso, as falhas estatais não se resumem a uma postura meramente contemplativa. A Corte se depara, fundamentalmente, com dispositivos legais que **oferecem tratamento tributário prejudicial às cadeias econômicas ecologicamente sustentáveis, desincentivando a manutenção de linhas de produção assentadas em tecnologias limpas e no reaproveitamento de materiais recicláveis**."
>
> (STF, RECURSO EXTRAORDINÁRIO 607.109, Relatora Ministra Rosa Weber, julgado em 08/06/2021 – Destacamos)

3.1.8 PRINCÍPIO DO USUÁRIO-PAGADOR

O princípio do usuário-pagador tem fundamento na Lei Federal 6.938/1981 (Política Nacional do Meio Ambiente), quando estabelece que a Política visará impor ao usuário a contribuição pela utilização dos recursos ambientais com fins econômicos (art. 4º, inciso VII).

Portanto, esse princípio busca focar na situação do arcar com os custos pelo uso direto dos recursos ambientais, ou mesmo pelos serviços destinados à manutenção da qualidade e equilíbrio ambiental, especialmente para evitar impactos negativos e danos ambientais, bem como regulamentar o uso de recursos naturais.

Na jurisprudência do STF, tem-se:

> "EMENTA: AÇÃO DIRETA DE INCONSTITUCIONALIDADE. ART. 36 E SEUS §§ 1º, 2º E 3º DA LEI Nº 9.985, DE 18 DE JULHO DE 2000. CONSTITUCIONALIDADE DA COMPENSAÇÃO DEVIDA PELA IMPLANTAÇÃO DE EMPREENDIMENTOS DE SIGNIFICATIVO IMPACTO AMBIENTAL. INCONSTITUCIONALIDADE PARCIAL DO § 1º DO ART. 36. 1. O compartilhamento-compensação ambiental de que trata o art. 36

*da Lei nº 9.985/2000 não ofende o princípio da legalidade, dado haver sido a própria lei que previu o modo de financiamento dos gastos com as unidades de conservação da natureza. De igual forma, não há violação ao princípio da separação dos Poderes, por não se tratar de delegação do Poder Legislativo para o Executivo impor deveres aos administrados. 2. Compete ao órgão licenciador fixar o quantum da compensação, de acordo com a compostura do impacto ambiental a ser dimensionado no relatório – EIA/RIMA. 3. O art. 36 da Lei nº 9.985/2000 densifica **o princípio usuário-pagador, este a significar um mecanismo de assunção partilhada da responsabilidade social pelos custos ambientais derivados da atividade econômica**. 4. Inexistente desrespeito ao postulado da razoabilidade. Compensação ambiental que se revela como instrumento adequado à defesa e preservação do meio ambiente para as presentes e futuras gerações, não havendo outro meio eficaz para atingir essa finalidade constitucional. Medida amplamente compensada pelos benefícios que sempre resultam de um meio ambiente ecologicamente garantido em sua higidez. 5. Inconstitucionalidade da expressão "não pode ser inferior a meio por cento dos custos totais previstos para a implantação do empreendimento", no § 1º do art. 36 da Lei nº 9.985/2000. O valor da compensação-compartilhamento é de ser fixado proporcionalmente ao impacto ambiental, após estudo em que se assegurem o contraditório e a ampla defesa. Prescindibilidade da fixação de percentual sobre os custos do empreendimento. 6. Ação parcialmente procedente."*

(STF, ADI 3.378, Relator Ministro Carlos Ayres Britto, julgado em 09/04/2008 – Destacamos).

3.1.9 PRINCÍPIO DA VEDAÇÃO DO RETROCESSO

O princípio da vedação do retrocesso ganhou força nos tribunais ao longo dos últimos anos. Segundo jurisprudência do STF, tem-se:

"Conquanto não expresso, no texto da Constituição da República, o princípio da proibição do retrocesso em matéria de direitos fundamentais sociais e daqueles denominados de terceira e de quarta dimensão, em

> *matéria ambiental se prevê, de maneira incontornável, esse preceito, derivado diretamente do caput do art. 225, ao garantir a todos o direito ao meio ambiente ecologicamente equilibrado e impor ao Poder Público e à coletividade o dever de defendê-lo e preservá-lo para as presentes e futuras gerações.*
>
> (...)
>
> *Na questão ambiental, o princípio da proibição do retrocesso relaciona-se às obrigações constitucionais e internacionais de assegurar nível progressivo de melhoria das condições do meio ambiente.*
>
> (...)
>
> *O que assentou, portanto, este Supremo Tribunal é a incompatibilidade com a Constituição da República de substituição de uma legislação ambiental por outra que faça retroceder espaço protetivo ambiental em detrimento do direito fundamental à saúde ambiental e pessoal dignas."*
>
> (Entendimento exarado no voto proferido pela ministra Cármen Lúcia quando do julgamento da ADPF 760).
>
> *"O princípio da vedação de retrocesso socioambiental implica o dever de progressividade em "matéria de realização (eficácia social) dos direitos socioambientais", de forma que eventuais medidas legislativas e administrativas relativas ao tema devem sempre buscar melhorias ou aprimoramentos dos direitos fundamentais socioambientais."*
>
> (STF, ADI 5.676 RIO DE JANEIRO, Relator Ministro Ricardo Lewandowski, julgado em 18/12/2021)

Paulo Affonso Leme Machado e Maria Alexandra Aragão (2022) exploram o chamado *"princípio da não regressão ambiental"*, estatuindo que *"significa que a legislação e a regulamentação relativas ao meio ambiente só podem ser melhoradas e não pioradas"*. Ainda, e relacionando com o aspecto intergeracional, aduzem que a Constituição Federal (art. 225, caput) *"estabelece um vínculo de conservação do meio ambiente entre as gerações, não podendo a geração atual transmitir às gerações futuras um meio ambiente menos protegido ou menos conservado"*, destacando também que o Poder Legislativo deve legislar no sentido de defender e preservar o meio ambiente (art. 2º).

Portanto, o princípio da vedação do retrocesso, mesmo que não esteja expresso na legislação, é solidificado na literatura e jurisprudência. A sua aplicação está sendo cada vez mais recorrente, embasando ações judiciais e atuações efetivas. Tal princípio foca na proibição de uma atuação que vá em sentido oposto aos ganhos na área ambiental, especialmente quanto à sua proteção, preservação e conservação, devendo, pois, nortear atuações da sociedade e dos Poderes Executivo, Legislativo e Judiciário.

3.2 QUESTÕES

Questão 1

[OAB – XXXIII Exame de Ordem Unificado] Determinado empreendedor requereu ao órgão ambiental competente licença ambiental para indústria geradora de significativa poluição atmosférica, que seria instalada em zona industrial que, contudo, já está saturada.

Após a análise técnica necessária, feita com base nos riscos e impactos já de antemão conhecidos em razão de certeza científica, concluiu-se que os impactos negativos decorrentes da atividade não poderiam sequer ser mitigados a contento, diante da sinergia e cumulatividades com as atividades das demais fábricas já existentes na localidade.

Assim, o órgão ambiental indeferiu o pedido de licença, com objetivo de impedir a ocorrência de danos ambientais, já que sabidamente a atividade comprometeria a capacidade de suporte dos ecossistemas locais.

Assinale a opção que indica o princípio de Direito Ambiental em que a decisão de indeferimento do pedido de licença está fundada específica e diretamente.

A) Princípio da precaução, eis que a operação do empreendimento pretendido causa riscos hipotéticos que devem ser evitados.

B) Princípio da prevenção, eis que a operação do empreendimento pretendido causa perigo certo, com riscos previamente conhecidos.

C) Princípio do poluidor-pagador, eis que a operação do empreendimento pretendido está condicionada à adoção das cautelas ambientais cabíveis para mitigar e reparar os danos ambientais.

D) Princípio da responsabilidade ambiental objetiva, eis que a operação do empreendimento pretendido está condicionada ao prévio depósito de caução para garantir o pagamento de eventuais danos ambientais.

3.3 GABARITO

Questão 1 – Alternativa B

4 - ADMINISTRAÇÃO PÚBLICA AMBIENTAL

No âmbito federal, é possível se analisar como marco na estruturação da Administração Pública Federal na área ambiental a Conferência as Nações Unidas sobre o Desenvolvimento e Meio Ambiente Humano, ocorrida em 1972 e popularmente conhecida como "Conferência de Estocolmo". Nesse encontro, que reuniu lideranças de várias partes do mundo, foi marcante o posicionamento do Brasil. Segundo Warren Dean (1996):

> *"Os militares e seus simpatizantes reagiram com arrogância diante das questões levantadas na primeira Conferência das Nações Unidas sobre Meio Ambiente e Desenvolvimento, realizada em Estocolmo em 1972. Suspeitava-se que os países industrializados haviam inventado mais um obstáculo à elevação do Brasil aos seus quadros, e especulava-se que uma das vantagens comparativas do Brasil consistia precisamente em sua capacidade ainda integral de absorver a poluição industrial. "Que venha a poluição, desde que as fábricas venham com ela", exultava José Sarney, um senador do Nordeste que se tornaria presidente uma década depois. O representante do governo na conferência apresentou uma fórmula populista dissimulada a qual constantemente seria repetida: "A pior forma de poluição é a pobreza".*

Paulo Nogueira-Neto (2010) explica:

> *"Toda a organização da rede de ação ambiental existente na Federação Brasileira começou como resultado da Conferência de Estocolmo, em 1972, à qual não compareci. O Brasil enviou uma delegação, chefiada pelo ministro do Interior, General Costa Cavalcante e Secretariada por Henrique Brandão Cavalcanti. Naquela época, apenas 16 países possuíam entidade governamental central de Meio Ambiente. A delegação foi pra lá com grandes restrições quanto à defesa ambiental, mas o secretário Henrique Brandão Cavalcanti conseguiu reverter a situação.*
>
> *(...)*

> *1º novembro 1973*
>
> *Fui à Brasília a chamado de Henrique Brandão Cavalcanti, secretário-geral do Ministério do Interior. Estive antes na Câmara dos Deputados, principalmente na biblioteca. Às 14h30 estava no Ministério do Interior, onde fiz a Henrique uma crítica do Decreto que criou a Sema (Secretaria Especial do Meio Ambiente).*
>
> Quando terminei, ele me convidou para ser o futuro secretário. (...)"

Assim, pelo Decreto 73.030/1973 foi criada a Secretaria Especial do Meio Ambiente (SEMA), primeira estrutura federal, ainda dentro do extinto Ministério do Interior, do que viria a ser o Ministério do Meio Ambiente (MMA).

Após, a Lei Federal 7.735/1989 criou e deu atribuições ao Instituto Brasileiro do Meio Ambiente e dos Recursos Naturais Renováveis (IBAMA), órgão ambiental federal que uniu as estruturas da SEMA, da Superintendência do Desenvolvimento da Pesca (SUDEPE), da Superintendência da Borracha (SUDHEVEA) e do Instituto Brasileiro de Desenvolvimento Florestal (IBDF). Conforme alterações advindas da Lei Federal 11.516/2007, consta que o IBAMA é autarquia federal dotada de personalidade jurídica de direito público, autonomia administrativa e financeira, vinculada ao Ministério do Meio Ambiente, que exerce funções na de poder de polícia e execução de ações e políticas ambientais em âmbito federal (art. 2º, *caput* e incisos I a III).

Adveio a Lei Federal 8.028/1990, a qual criou e deu atribuições à Secretaria do Meio Ambiente, que tinha a finalidade de planejar, coordenar, supervisionar e controlar as atividades relativas à Política Nacional do Meio Ambiente e à preservação, conservação e uso racional dos recursos naturais renováveis (art. 12, *caput*). Englobava na sua estrutura o Conselho Nacional do Meio Ambiente (CONAMA); o Departamento de Planejamento e Coordenação da Política Ambiental; o Departamento Técnico-Científico e de Cooperação; e o Comitê do Fundo Nacional do Meio Ambiente.

Pela Lei Federal 8.490/1992 foi criado o Ministério do Meio Ambiente, que substituiu a Secretaria do Meio Ambiente, tendo como suas áreas de competência: (i) planejamento, coordenação, supervisão e controle das ações relativas ao meio ambiente; (ii) formulação e execução da política nacional do meio ambiente; (iii) preservação, conservação e uso racional dos recursos naturais renováveis; (iv) implementação de acordos internacionais na área ambiental.

Mais recentemente, via Lei Federal 11.516/2007, foi criado o Instituto Chico Mendes para a Conservação da Biodiversidade (ICMBio), autarquia federal dotada de personalidade jurídica de direito público, autonomia administrativa e financeira, vinculada ao MMA e tem como foco a gestão e fiscalização das Unidades de Conservação federais (antes inseridas nas competências do IBAMA).

Além dos órgãos vinculados ao MMA, tem-se que a Lei Federal 6.938/1981 (Política Nacional do Meio Ambiente) instituiu o chamado Sistema Nacional do Meio Ambiente (SISNAMA), que engloba *"órgãos e entidades da União, dos Estados, do Distrito Federal, dos Territórios e dos Municípios, bem como as fundações instituídas pelo Poder Público, responsáveis pela proteção e melhoria da qualidade ambiental"* (art. 6º, *caput*). Dentro da sua estrutura, destacam-se (art. 6º, incisos II, IV, V e VI):

- **Órgão consultivo e deliberativo**: o Conselho Nacional do Meio Ambiente (CONAMA), colegiado que é presidido pelo Ministro do Meio Ambiente, tem a finalidade de assessorar, estudar e propor diretrizes de políticas governamentais para o meio ambiente e os recursos naturais e deliberar, no âmbito de sua competência, sobre normas e padrões compatíveis com o meio ambiente ecologicamente equilibrado e essencial à sadia qualidade de vida;
- **Órgãos executores**: o IBAMA e o ICMBio, com a finalidade de executar e fazer executar a política e as diretrizes governamentais fixadas para o meio ambiente, de acordo com as respectivas competências;
- **Órgãos Seccionais**: os órgãos ou entidades estaduais responsáveis pela execução de programas, projetos e pelo controle e fiscalização de atividades capazes de provocar a degradação ambiental;
- **Órgãos Locais**: os órgãos ou entidades municipais, responsáveis pelo controle e fiscalização dessas atividades, nas suas respectivas jurisdições.

O CONAMA possui diversas competências, dentre as quais destaca-se (art. 8º, incisos I e VII, Lei Federal 6.938/1981): (i) estabelecer, mediante proposta do IBAMA, normas e critérios para o licenciamento de atividades efetiva ou potencialmente poluidoras, a ser concedido pelos Estados e supervisionado pelo IBAMA; e (ii) estabelecer normas, critérios e padrões relativos ao controle e à manutenção da qualidade do meio ambiente com vistas ao uso racional dos recursos ambientais, principalmente os hídricos.

5 - DANO X POLUIÇÃO X DEGRADAÇÃO X IMPACTO

Há na legislação e na literatura a diferenciação entre dano ambiental, poluição, degradação e impacto. É importante ter-se um detalhamento claro para considerações e aplicação em casos práticos.

O **dano ambiental** não possui definição na legislação ambiental brasileira mais geral como a Política Nacional do Meio Ambiente. Na legislação específica há a definição de dano ambiental como "toda lesão causada ao meio ambiente ecologicamente equilibrado decorrente da degradação de atributos ambientais por meio de atividades, ações e omissões antrópicas não autorizadas ou em desacordo com as autorizações vigentes" (Portarias IBAMA 118/2022 e 83/2022). Assim, a sua conceituação advém em grande parte da literatura especializada. Dentre as tentativas de definição e delimitação do seu escopo, tem-se:

> "[...] é dano ambiental toda interferência antrópica infligida ao patrimônio ambiental (natural, cultural, artificial), capaz de desencadear, imediata ou potencialmente, perturbações desfavoráveis (in pejus) ao equilíbrio ecológico, à sadia qualidade de vida, ou a quaisquer outros valores coletivos ou de pessoas."[6]

> "[...] dano ambiental deve ser compreendido como toda lesão intolerável causada por qualquer ação humana (culposa ou não) ao meio ambiente, diretamente, como macrobem de interesse da coletividade, em uma concepção totalizante, e indiretamente, a terceiros, tendo em vista interesses próprios e individualizáveis e que refletem no macrobem."[7]

> "O dano, conforme assinalado, se constitui no prejuízo sofrido pelo patrimônio econômico de alguém. Em se tratando de meio ambiente, o prejuízo assume dimensão difusa, estendendo-se para o futuro. Diz respeito à coletividade e não ao indivíduo, pouco importando a sua duração ou se o meio ambiente terá condições de autodepuração capaz de reduzir os efeitos das alterações ocorridas."[8]

---

[6] MILARÉ, Édis. Direito do Ambiente. 10ª edição. São Paulo: RT, 2015, p. 319
[7] LEITE, José Rubens Morato. AYALA, Patryck de Araújo. Dano Ambiental. 7ª edição. São Paulo: RT, 2015, p. 113-114
[8] FREITAS, Gilberto Passos de. Ilícito Penal Ambiental e Reparação do Dano. São Paulo: RT, 2005, p. 50.

Portanto, pode-se verificar que o **dano ambiental** possui como características primordiais ser uma ação humana que causa, efetiva ou potencialmente, lesão/impactos/perturbações negativas ao meio ambiente e seu equilíbrio. Importante apontar que meio ambiente é definido na Lei Federal 6.938/1981 (Política Nacional do Meio Ambiente) como "*o conjunto de condições, leis, influências e interações de ordem física, química e biológica, que permite, abriga e rege a vida em todas as suas formas*" (art. 3º, inciso I).

Já **degradação** é definida na Lei Federal 6.938/1981 (Política Nacional do Meio Ambiente) como "*a alteração adversa das características do meio ambiente*" (art. 3º, inciso II).

Poluição tem fundamento legal também na Lei Federal 6.938/1981 (Política Nacional do Meio Ambiente), que a define como "*a degradação da qualidade ambiental resultante de atividades que direta ou indiretamente: a) prejudiquem a saúde, a segurança e o bem-estar da população; b) criem condições adversas às atividades sociais e econômicas; c) afetem desfavoravelmente a biota; d) afetem as condições estéticas ou sanitárias do meio ambiente; e) lancem matérias ou energia em desacordo com os padrões ambientais estabelecidos*" (art. 3º, inciso III). Assim, para a legislação, a poluição parece ser uma especificação dentro do conceito geral de degradação.

Fato curioso é que poluidor é definido como "*a pessoa física ou jurídica, de direito público ou privado, responsável, direta ou indiretamente, por atividade causadora de degradação ambiental*" (art. 3º, inciso IV). O que se verifica é um conceito mais aberto do que o próprio conceito de poluição.

Em relação ao **impacto ambiental**, consta na Resolução CONAMA 01/1986 que "*considera-se impacto ambiental qualquer alteração das propriedades físicas, químicas e biológicas do meio ambiente, causada por qualquer forma de matéria ou energia resultante das atividades humanas que, direta ou indiretamente, afetam: I - a saúde, a segurança e o bem-estar da população; II - as atividades sociais e econômicas; III - a biota; IV - as condições estéticas e sanitárias do meio ambiente; V - a qualidade dos recursos ambientais*" (art. 1º). É importante ressaltar que os impactos ambientais podem ser positivos ou negativos, sendo que os primeiros são objeto de incentivo e fomento e os segundos de controle e fiscalização.

Na Constituição Federal a exigência de Estudo Prévio de Impacto Ambiental (EIA) para instalação de obra ou atividade potencialmente causadora de "*significativa degradação do meio ambiente*" (art. 225, § 1º, inciso IV). Na Resolução CONAMA 01/1986 também há referências ao termo *"degradação"* (art. 3º), mas percebe-se ser uma terminologia equivalente a *"impacto"*, pois, em seguida, refere-se ao licenciamento de empreendimentos e atividades com *"significativo impacto ambiental"* (art. 4º, *caput*). Imperioso se apontar que a expressão *"significativo impacto ambiental"* não possui definição legal, sendo, pois, um conceito verificado caso a caso dentro do processo de licenciamento ambiental, conforme se verificará em capítulo específico.

Assim, com base no que foi exposto, nos parece haver clara diferenciação de abrangência entre os termos, sendo dano ambiental o efeito precipuamente negativo e decorrente de alguma conduta humana, a degradação ambiental uma alteração no meio ambiente, a poluição uma degradação ambiental enquadrada nos requisitos legais específicos e o impacto ambiental como um conceito que vai além, aglutinando em si aspectos positivos e negativos, mas também relacionados à alteração do meio ambiente.

5.1.1 RESPONSABILIDADE POR DANOS AMBIENTAIS

No Direito Ambiental tem-se as chamadas responsabilidades por danos ambientais. Como visto no tópico anterior, dano ambiental pressupõe um fato advindo do ser humano e que seja desfavorável à proteção, preservação ou conservação do meio ambiente.

A legislação traz:

> **Constituição Federal**
>
> *"Art. 225*
>
> *(...)*
>
> *§ 3º As condutas e atividades consideradas lesivas ao meio ambiente sujeitarão os infratores, pessoas físicas ou jurídicas, a sanções penais e administrativas, independentemente da obrigação de reparar os danos causados."*
>
> **Resolução CONAMA 237/1997**
>
> *"Art. 11. (...)*
>
> *Parágrafo único. O empreendedor e os profissionais que subscrevem os estudos previstos no caput deste artigo serão responsáveis pelas informações apresentadas, sujeitando-se às sanções administrativas, civis e penais."*

O quem se tem, pois, é uma tríplice responsabilidade por danos ambientais, divididos nas esferas civil, penal e administrativa, cujas consequências são cumulativas, ou seja, cada esfera de responsabilidade é independente e cumulativa em relação à outra.

5.1.1.1 RESPONSABILIDADE CIVIL

A responsabilidade civil por danos ambientais tem natureza objetiva, ou seja, independe de dolo ou culpa, sendo inaplicável as excludentes de causalidade (caso fortuito, força maior ou fato de terceiro). Tem fundamento no art. 14, § 1º, da Lei Federal 6.938/1981 (Política Nacional do Meio Ambiente). Para que se configure essa responsabilidade é necessário que haja um evento danoso, uma atividade do agente e o nexo de causalidade entre o evento e a atividade.

Quanto ao tema, temos na jurisprudência:

> RESPONSABILIDADE CIVIL POR DANO AMBIENTAL. RECURSO ESPECIAL REPRESENTATIVO DE CONTROVÉRSIA. ART. 543-C DO CPC. DANOS DECORRENTES DO ROMPIMENTO DE BARRAGEM. ACIDENTE AMBIENTAL OCORRIDO, EM JANEIRO DE 2007, NOS MUNICÍPIOS DE MIRAÍ E MURIAÉ, ESTADO DE MINAS GERAIS. TEORIA DO RISCO INTEGRAL. NEXO DE CAUSALIDADE. 1. *Para fins do art. 543-C do Código de Processo Civil: a) **a responsabilidade por dano ambiental é objetiva, informada pela teoria do risco integral, sendo o nexo de causalidade o fator aglutinante que permite que o risco se integre na unidade do ato, sendo descabida a invocação, pela empresa responsável pelo dano ambiental, de excludentes de responsabilidade civil para afastar sua obrigação de indenizar;** [...]*
>
> (STJ, REsp 1374284 / MG, Rel. Min. Luis Felipe Salomão. 2ª Seção. Julgado em 27/08/2014 – Destacamos)
>
> RECURSO ESPECIAL REPETITIVO. NEGATIVA DE PRESTAÇÃO JURISDICIONAL. NÃO OCORRÊNCIA. RESPONSABILIDADE CIVIL AMBIENTAL. AÇÃO INDENIZATÓRIA. DANOS EXTRAPATRIMONIAIS. ACIDENTE AMBIENTAL. EXPLOSÃO DO NAVIO VICUÑA. PORTO DE PARANAGUÁ. PESCADORES PROFISSIONAIS. PROIBIÇÃO DE TEMPORÁRIA DE PESCA. EMPRESAS

ADQUIRENTES DA CARGA TRANSPORTADA. AUSÊNCIA DE RESPONSABILIDADE. NEXO DE CAUSALIDADE NÃO CONFIGURADO.

[...]

*4. **Em que pese a responsabilidade por dano ambiental seja objetiva (e lastreada pela teoria do risco integral), faz-se imprescindível, para a configuração do dever de indenizar, a demonstração da existência de nexo de causalidade apto a vincular o resultado lesivo efetivamente verificado ao comportamento (comissivo ou omissivo) daquele a quem se repute a condição de agente causador.***

5. No caso, inexiste nexo de causalidade entre os danos ambientais (e morais a eles correlatos) resultantes da explosão do navio Vicuña e a conduta das empresas adquirentes da carga transportada pela referida embarcação.

*6. Não sendo as adquirentes da carga responsáveis diretas pelo acidente ocorrido, **só haveria falar em sua responsabilização – na condição de poluidora indireta – acaso fosse demonstrado: (i) o comportamento omissivo de sua parte; (ii) que o risco de explosão na realização do transporte marítimo de produtos químicos adquiridos fosse ínsito às atividades por elas desempenhadas ou (iii) que estava ao encargo delas, e não da empresa vendedora, a contratação do transporte da carga que lhes seria destinada.***

(STJ, REsp 1596081 / PR, Rel. Min. Ricardo Villas Bôas Cueva. 2ª Seção. Julgado em 25/10/2017 – Destacamos)

Cumpre destacar também o julgamento do Recurso Extraordinário 654.833, no STF, e no qual se estabeleceu a seguinte tese de repercussão geral: "*É imprescritível a pretensão de reparação civil de dano ambiental*". Nesse caso, também houve uma explicitação da chamada obrigação *propter rem*, ou seja, que a obrigação de reparação de dano ambiental segue a cadeia sucessória da propriedade:

"*Além disso, a obrigação de reparar os danos ambientais tem sido considerada pela maior parte da doutrina e também pelo STJ, como propter rem, sendo irrelevante que o autor da degradação ambiental inicial não seja o atual proprietário, possuidor ou ocupante do imóvel, pois a obrigação adere ao título de domínio*

> *ou posse e transfere-se ao atual proprietário ou possuidor, sem prejuízo da responsabilidade solidária entre os vários causadores do dano."*

(Trecho do voto-vogal do ministro Gilmar Mendes)

Inclusive, sobre o tema, tem-se a Súmula 623 do STJ: *"As obrigações ambientais possuem natureza propter rem, sendo admissível cobrá-las do proprietário ou possuidor atual e/ou dos anteriores, à escolha do credor".*

Assim, o dano ambiental não se esgota com o passar do tempo, podendo ser requerida a responsabilização (reparação civil) por ela a qualquer tempo (sem limitação de prazo).

5.1.1.2 RESPONSABILIDADE PENAL

A responsabilidade penal por danos ambientais tem fundamento na Constituição Federal (art. 225, § 3º) e é disciplinada pela Lei Federal 9.605/1998 (Lei de Crimes Ambientais), que estabelece:

> *Art. 2º Quem, de qualquer forma, concorre para a prática dos crimes previstos nesta Lei, incide nas penas a estes cominadas, na medida da sua culpabilidade, bem como o diretor, o administrador, o membro de conselho e de órgão técnico, o auditor, o gerente, o preposto ou mandatário de pessoa jurídica, que, sabendo da conduta criminosa de outrem, deixar de impedir a sua prática, quando podia agir para evitá-la.*

Daí se verificamos requisitos da responsabilidade penal por danos ambientais: conduta do acusado e ilicitude da conduta. Ainda, de se destacar que a responsabilização se dará no limite da sua culpabilidade. Assim, ressalta-se o traço de pessoalidade, sendo, então, uma responsabilização subjetiva, seguindo os padrões da responsabilidade penal clássica na qual ninguém será considerado culpado até sentença penal condenatória (art. 5º, inciso LVII, Constituição Federal).

Particularidade da responsabilidade penal é a possibilidade de se desconsiderar a pessoa jurídica para fins de cumprimento da decisão condenatória, notadamente sempre que a sua personalidade for obstáculo para o ressarcimento de prejuízos causados ao meio ambiente (art. 4º, Lei Federal 9.605/1998). Ainda, conforme exposto acima, a responsabilização pode atingir os mais diversos cargos e pessoas envolvidas no ato delitivo, desde a alta cúpula da empresa até o auditor.

Na jurisprudência tem-se:

PENAL. PROCESSUAL PENAL. RECURSO EM SENTIDO ESTRITO. CRIME AMBIENTAL. RESPONSABILIDADE PENAL. PESSOA JURÍDICA. POSSIBILIDADE (CF: ART. 225, § 3º, E LEI Nº 9.605/98: ART. 3º). PESSOA JURÍDICA DEMANDADA JUNTAMENTE COM A PESSOA FÍSICA. HIPÓTESE DE LITISCONSORTE PASSIVO NECESSÁRIO.

[...]

*3. O art. 3º da Lei nº 9.605/1998, ao disciplinar a responsabilização penal da pessoa jurídica, prevê, para tal, hipótese de coautoria necessária, <u>**não se podendo dissociar a responsabilidade da pessoa jurídica da decisão de seu representante legal ou contratual, ou de seu órgão colegiado, no interesse ou benefício da sociedade, devendo, assim, a pessoa jurídica ser demandada com a pessoa física que determinou a prática do ato causador da infração**</u>.*

[...]

(TRF1, RCCR 0002596-64.2007.4.01.4100, Rel. Des. Hilton Queiroz, 4ª Turma, julgado em 25/09/2007 – Grifos nossos)

Ainda, há a possibilidade de se aplicar à responsabilidade penal por dano ambiental o chamado princípio da insignificância, quando a responsabilização pode ser afastada ante a baixa repercussão/impacto do ato frente à danosidade verificada. É o que se verifica na jurisprudência do STJ:

"PROCESSO PENAL. AGRAVO REGIMENTAL NO AGRAVO EM RECURSO ESPECIAL. CRIME AMBIENTAL CONTRA A FLORA. ART. 39 DA LEI Nº 9.605/98 PRINCÍPIO DA INSIGNIFICÂNCIA. REINCIDÊNCIA ESPECÍFICA. INAPLICABILIDADE.
I - A análise da controvérsia apresentada no recurso especial prescinde do reexame de provas; é suficiente, apenas, a revaloração dos fatos incontroversos explicitados no acórdão recorrido.
*II - **A aplicação do princípio da insignificância, como causa de atipicidade da conduta, especialmente em se tratando de crimes ambientais, é cabível desde que presentes os seguintes requisitos: conduta minimamente ofensiva, ausência de periculosidade do agente, reduzido grau de reprovabi-*

lidade do comportamento e lesão jurídica inexpressiva.

III - No caso dos autos, o delito em análise se trata da supressão de 02 troncos de árvores nativas, sem autorização do órgão ambiental competente, portanto, não demonstrada a ínfima ofensividade ao bem ambiental tutelado. Ademais, o Eg. Tribunal de origem consignou que o agravante é reincidente específico, o que impede o reconhecimento do aludido princípio. Agravo regimental desprovido."

(STJ, AgRg no REsp 1850002 / MG, Relator Ministro Felix Fischer, 5ª Turma, julgado em 16/06/2020 – Destacamos)

5.1.1.3 RESPONSABILIDADE ADMINISTRATIVA

A responsabilidade administrativa por danos ambientais tem fundamento na Lei Federal 9.605/1998 (Lei de Crimes Ambientais), que assim dispõe:

> Art. 70. Considera-se infração administrativa ambiental toda ação ou omissão que viole as regras jurídicas de uso, gozo, promoção, proteção e recuperação do meio ambiente.

Há nesse dispositivo os requisitos para que haja a caracterização da responsabilidade administrativa por danos ambientais: (i) conduta do agente infracional – seja ativa, caracterizada pela ação, ou passiva, via omissão; (ii) ilicitude da conduta, ou seja, uma afronta à legislação vigente; e (iii) nexo causal entre a conduta e a infração ambiental.

Por anos houve discussão acerca da responsabilidade administrativa ser considerada subjetiva ou objetiva. No entanto, tem se pacificado o entendimento jurisprudencial de que a subjetividade é verificável:

> *AMBIENTAL E PROCESSUAL CIVIL. EMBARGOS DE DECLARAÇÃO. OFENSA AO ART. 1.022 DO CPC NÃO CONFIGURADA. INTUITO DE REDISCUTIR O MÉRITO DO JULGADO. INVIABILIDADE. AUTO DE INFRAÇÃO. DERRAMAMENTO DE ÓLEO NO MAR. PROPRIETÁRIO DE BARCAÇA. VIOLAÇÃO DO DEVIDO PROCESSO LEGAL, DO CONTRADITÓRIO E DA AMPLA DEFESA. PROVA PERICIAL. SÚMULAS 7 E 83/STJ. SÚMULA 282/STF.*

[...]

5. *Nos termos da jurisprudência do STJ,* **como regra a responsabilidade administrativa ambiental apresenta caráter subjetivo, exigindo-se dolo ou culpa para sua configuração.**

[...]

8. *A autoria da infração ambiental está relacionada a ser a parte agravante proprietária da barcaça "Comandante Carlos", como descrito no Auto de Infração, sendo responsável pela transferência do óleo para um caminhão e para outra barcaça ("Pureza III"),* **configurando o nexo causal necessário à configuração da responsabilidade ambiental subjetiva.**

(STJ, EDcl no AgInt no REsp 1744828 / SP, Rel. Min. Herman Benjamin, 2ª Turma, julgado em 13/08/2019 – Destacamos)

Seguindo a tendência jurisprudencial, o IBAMA reviu[9] o seu entendimento interno acerca da responsabilidade administrativa ambiental. Em entendimento vigente desde 2011 (via Orientação Jurídica Normativa 26/2011/PFE/IBAMA[10]) havia a desnecessidade de configuração de culpa ou dolo para a aplicação de penalidade de multa administrativa ambiental, mas admitindo-se excludentes de responsabilidade (força maior, caso fortuito ou fato de terceiro) desde que o autuado demonstre não ter contribuído para a ocorrência da infração administrativa. Contudo, em Despacho do presidente do IBAMA tal entendimento foi revisto, pois foi aprovado o Parecer 4/2020/GABIN/PFE-IBAMA-SEDE/PGF/AGU[11], pelo qual se passou a entender que a *"responsabilidade administrativa ambiental possui natureza subjetiva, a demandar a existência de dolo ou culpa do agente para caracterização de infração ambiental".*

Nicolao Dino Neto, Ney Bello Filho e Flávio Dino (2011)[12] aduzem que *"em regra, a conduta (comissiva ou omissiva) que se amolda ao tipo previsto na lei caracteriza a infração administrativa ambiental, independentemente de o agente querer, ou não, um fim ilícito ou de ter consciência dessa ilicitude. Essa inflexão quanto à exigência de elemento subjetivo (dolo ou culpa) é fundamental à caracterização da infração administrativa ambiental (...)".*

---

[9] https://www.politicaporinteiro.org/2022/07/15/o-objetivo-e-subjetivo-mudanca-de-entendimento-no-ibama-pode-dificultar-fiscalizacoes/ - Acessado em 15/08/2022.

[10] https://www.gov.br/ibama/pt-br/acesso-a-informacao/institucional/arquivos/ojn/ojn_26_2011_natureza_da_responsabilidade_administrativa_ambiental.pdf - Acessado em 14/08/2022.

[11] https://www.in.gov.br/en/web/dou/-/despacho-415116625 - Acessado em 14/08/2022.

[12] NETO, Nicolao Dino. FILHO, Ney Bello. DINO, Flávio. Crimes e Infrações Administrativas Ambientais. 3ª edição. Belo Horizonte: Del Rey, 2011, p. 414.

As infrações administrativas, bem como suas consequências, estão definidas na esfera federal no Decreto Federal 6.514/2008. A apuração da infração ambiental será realizada em processo administrativo próprio e mediante contraditório, ampla defesa e apurações do órgão ambiental fiscalizador.

Há também expressa determinação de que a lavratura de auto de infração ambiental e instauração de processo administrativo quanto às infrações ambientais cometidas em empreendimento/atividade é de competência originária do órgão ambiental licenciador, podendo, no entanto, outro ente federativo adotar medidas quando da iminência ou ocorrência de degradação da qualidade ambiental (art. 17, *caput* e § 2º, Lei Complementar 140/2011). Havendo duplicidade de autos de infração, irá prevalecer aquele lavrado pelo órgão ambiental com competência licenciatória (art. 17, § 3º, Lei Complementar 140/2011).

Cumpre destacar que foram realizadas algumas alterações recentes no processo de apuração de infrações ambientais no âmbito federal, quais sejam:

- **Decreto Federal 9.760/2019**: Altera o Decreto nº 6.514/2008, que dispõe sobre as infrações e sanções administrativas ao meio ambiente e estabelece o processo administrativo federal para apuração destas infrações. Institui os Núcleos de Conciliação Ambiental. Sofreu alterações posteriores pelo Decreto 11.080/2022.

- **Instrução Normativa MMA/IBAMA/ICMBIO 1/2021**: Regulamenta o processo administrativo federal para apuração de infrações administrativas por condutas e atividades lesivas ao meio ambiente, revogando a Instrução Normativa Conjunta 2/2020, tendo alterado de forma significativa diversos dispositivos da norma anterior, a qual já havia alterado sobremaneira a forma como os processos administrativos federais para apuração de infrações administrativas eram conduzidos.[13]

- **Despacho nº 11996516/2022-GABIN**: Entende pela (i) nulidade da notificação por edital para apresentação de alegações finais; (ii) que a nulidade da intimação gera a anulação de todos os atos processuais subsequentes; e (iii) a movimentação no processo administrativo de questões paralelas à cobrança da multa, como embargos, demolições, apreensões ou medidas acautelatórias em geral, não é causa interruptiva da prescrição.

---

[13] https://www.politicaporinteiro.org/2021/04/14/nova-norma-dificulta-apuracao-de-infracoes-administrativas-ambientais/ - Acessado em 15/08/2022

- **Decreto Federal 11.080/2022**: Altera o Decreto nº 6.514, de 22 de julho de 2008, para dispor sobre as infrações e sanções administrativas por condutas e atividades lesivas ao meio ambiente.[14]

5.1.1.4 QUESTÕES

Questão 1

[**OAB – XXXV Exame de Ordem Unificado**] A sociedade empresária Beta atua no ramo de produção de produtos agrotóxicos, com regular licença ambiental, e vem cumprindo satisfatoriamente todas as condicionantes da licença. Ocorre que, por um acidente causado pela queda de um raio em uma das caldeiras de produção, houve vazamento de material tóxico, que causou grave contaminação do solo, subsolo e lençol freático. Não obstante a sociedade empresária tenha adotado, de plano, algumas medidas iniciais para mitigar e remediar parte dos impactos, fato é que ainda subsiste considerável passivo ambiental a ser remediado. Tendo em vista que a sociedade empresária Beta parou de atender às determinações administrativas do órgão ambiental competente, o Ministério Público ajuizou ação civil pública visando à remediação ambiental da área. Na qualidade de advogado(a) da sociedade empresária Beta, para que seu cliente decida se irá ou não celebrar acordo judicial com o MP, você lhe informou que, no caso em tela, a responsabilidade civil por danos ambiental é

A) afastada, haja vista que a atividade desenvolvida pelo empreendedor era lícita e estava devidamente licenciada.

B) afastada, pois se rompeu o nexo de causalidade, diante da ocorrência de força maior.

C) subjetiva e, por isso, diante da ausência de dolo ou culpa por prepostos da sociedade empresária, não há que se falar em obrigação de reparar o dano.

D) objetiva e está fundada na teoria do risco integral, de maneira que não se aplicam as excludentes do dever de reparar o dano do caso fortuito e força maior.

Questão 2

[**OAB – XXXV Exame de Ordem Unificado**] Após regular processo administrativo de licenciamento ambiental, o Estado Alfa, por meio de seu órgão ambiental competente, deferiu licença de operação para a sociedade empresária Gama realizar atividade de frigorífico e abatedouro

---

[14] https://www.politicaporinteiro.org/2022/05/26/decreto-sobre-infracoes-ambientais-desburocratiza-mas-dificulta-aumento-da-multa/ - Acessado em 15/08/2022.

de bovinos. Durante o prazo de validade da licença, no entanto, a sociedade empresária Gama descumpriu algumas condicionantes da licença relacionadas ao tratamento dos efluentes industriais, praticando infração ambiental. Diante da inércia fiscalizatória do órgão licenciador, o município onde o empreendimento está instalado, por meio de seu órgão ambiental competente, exerceu o poder de polícia e lavrou auto de infração em desfavor da sociedade empresária Gama. No caso em tela, a conduta do município é

A) lícita, pois, apesar de competir, em regra, ao órgão estadual lavrar auto de infração ambiental, o município pode lavrar o auto e, caso o órgão estadual também o lavre, prevalecerá o que foi lavrado primeiro.

B) lícita, pois, apesar de competir, em regra, ao órgão estadual licenciador lavrar auto de infração ambiental, o município atuou legitimamente, diante da inércia do órgão estadual.

C) ilícita, pois compete privativamente ao órgão estadual responsável pelo licenciamento da atividade lavrar auto de infração ambiental, vedada a atuação do município.

D) ilícita, pois, apesar de competir, em regra, ao órgão estadual licenciador lavrar auto de infração ambiental, em caso de sua inércia, apenas a União poderia suplementar a atividade de fiscalização ambiental.

Questão 3
[OAB - XXXI Exame de Ordem Unificado] Seguindo plano de expansão de seu parque industrial para a produção de bebidas, o conselho de administração da sociedade empresária Frescor S/A autoriza a destruição de parte de floresta inserida em Área de Preservação Permanente, medida que se consuma na implantação de nova fábrica. Sobre responsabilidade ambiental, tendo como referência a hipótese narrada, assinale a afirmativa correta.

A) Frescor S/A responde civil e administrativamente, sendo excluída a responsabilidade penal por ter a decisão sido tomada por órgão colegiado da sociedade.

B) Frescor S/A responde civil e administrativamente, uma vez que não há tipificação criminal para casos de destruição de Área de Preservação Permanente, mas apenas de Unidades de Conservação.

C) Frescor S/A responde civil, administrativa e penalmente, sendo a ação penal pública, condicionada à prévia apuração pela autoridade ambiental competente.

D) Frescor S/A responde civil, administrativa e penalmente, sendo agravante da pena a intenção de obtenção de vantagem pecuniária.

Questão 4
[OAB – XXIX Exame de Ordem Unificado] Em 2017, Maria adquire de Eduarda um terreno inserido em área de Unidade de Conservação de Proteção Integral. Em 2018, Maria descobre, por meio de documentos e fotos antigas, que Eduarda promoveu desmatamento irregular no imóvel. Sobre a responsabilidade civil ambiental, assinale a afirmativa correta.

A) Maria responde civilmente pela recomposição ambiental, ainda que tenha agido de boa-fé ao adquirir o terreno.

B) Maria não pode responder pela aplicação de multa ambiental, tendo em vista o princípio da intranscendência da pena.

C) Eduarda não pode responder pela recomposição ambiental, mas apenas pela multa ambiental, tendo em vista a propriedade ter sido transmitida.

D) Maria responde nas esferas administrativa, civil e penal solidariamente com Eduarda, tendo em vista o princípio da reparação integral do dano ambiental.

Questão 5
[OAB – XXII Exame de Ordem Unificado] Tendo em vista a infestação de percevejo-castanho-da-raiz, praga que causa imensos danos à sua lavoura de soja, Nelson, produtor rural, desenvolveu e produziu de forma artesanal, em sua fazenda, agrotóxico que combate a aludida praga. Mesmo sem registro formal, Nelson continuou a usar o produto por meses, o que ocasionou grave intoxicação em Beto, lavrador da fazenda, que trabalhava sem qualquer equipamento de proteção. Sobre a hipótese, assinale a afirmativa correta.

A) Não há qualquer responsabilidade de Nelson, que não produziu o agrotóxico de forma comercial, mas para uso próprio.

B) Nelson somente responde civilmente pelos danos causados, pelo não fornecimento de equipamentos de proteção a Beto.

C) Nelson responde civil e criminalmente pelos danos causados, ainda que não tenha produzido o agrotóxico com finalidade comercial.

D) Nelson somente responde administrativamente perante o Poder Público pela utilização de agrotóxico sem registro formal.

DIREITO AMBIENTAL

Questão 6
[OAB - XIX Exame de Ordem Unificado] Pedro, em visita a determinado Município do interior do Estado do Rio de Janeiro, decide pichar e deteriorar a fachada de uma Igreja local tombada, por seu valor histórico e cultural, pelo Instituto Estadual do Patrimônio Histórico-Cultural - INEPAC, autarquia estadual. Considerando o caso em tela, assinale a afirmativa correta.

A) Pedro será responsabilizado apenas administrativamente, com pena de multa, uma vez que os bens integrantes do patrimônio cultural brasileiro não se sujeitam, para fins de tutela, ao regime de responsabilidade civil ambiental, que trata somente do meio ambiente natural.

B) Pedro será responsabilizado administrativa e penalmente, não podendo ser responsabilizado civilmente, pois o dano, além de não poder ser considerado de natureza ambiental, não pode ser objeto de simultânea recuperação e indenização.

C) Pedro, por ter causado danos ao meio ambiente cultural, poderá ser responsabilizado administrativa, penal e civilmente, sendo admissível o manejo de ação civil pública pelo Ministério Público, demandando a condenação em dinheiro e o cumprimento de obrigação de fazer.

D) Pedro, além de responder administrativa e penalmente, será solidariamente responsável com o INEPAC pela recuperação e indenização do dano, sendo certo que ambos responderão de forma subjetiva, havendo necessidade de inequívoca demonstração de dolo ou culpa por parte de Pedro e dos servidores públicos responsáveis.

Questão 7
[OAB - V Exame de Ordem Unificado] A Lei 9.605/98, regulamentada pelo Decreto 6.514/2008, que dispõe sobre sanções penais e administrativas derivadas de condutas e atividades lesivas ao meio ambiente, trouxe novidades nas normas ambientais. Entre elas está a

A) desconsideração da pessoa jurídica, que foi estabelecida para responsabilizar a pessoa física sempre que sua personalidade for obstáculo ao ressarcimento de prejuízos causados à qualidade do meio ambiente.

B) possibilidade de assinatura de termos de ajustamento de conduta, que somente é possível pelo cometimento de ilícito ambiental.

C) responsabilidade penal objetiva pelo cometimento de crimes ambientais.

D) substituição da pena privativa de liberdade pela restritiva de direito quando tratar-se de crime doloso.

Questão 8

[OAB – V Exame de Ordem Unificado] João adquiriu em maio de 2000 um imóvel em área rural, banhado pelo Rio Formoso. Em 2010, foi citado para responder a uma ação civil pública proposta pelo Município de Belas Veredas, que o responsabiliza civilmente por ter cometido corte raso na mata ciliar da propriedade. João alega que o desmatamento foi cometido pelo antigo proprietário da fazenda, que já praticava o plantio de milho no local. Em razão do exposto, é correto afirmar que

A) a responsabilidade por dano ambiental é objetiva, mas, como não há nexo de causalidade entre a ação do novo proprietário e o corte raso na área, verifica-se a excludente de responsabilidade, e João não será obrigado a reparar o dano.

B) a responsabilidade civil por dano ambiental difuso prescreve em cinco anos por força da Lei 9.873/99. Logo, João não será obrigado a reparar o dano.

C) João será obrigado a recuperar a área, mas, como não poderá mais utilizá-la para o plantio do milho, terá direito a indenização, a ser paga pelo Poder Público, por força do princípio do protetor-recebedor.

D) a manutenção de área de mata ciliar é obrigação *propter rem*; sendo obrigação de conservação, é automaticamente transferida do alienante ao adquirente. Logo, João terá que reparar a área.

5.1.1.5 GABARITO

Questão 1 – Alternativa D
Questão 2 – Alternativa B
Questão 3 – Alternativa D
Questão 4 – Alternativa A
Questão 5 – Alternativa C
Questão 6 – Alternativa C
Questão 7 – Alternativa A
Questão 8 – Alternativa D

5.1.2 LICENCIAMENTO AMBIENTAL

Para o controle dos impactos ambientais das atividades humanas, a legislação estabelece a necessidade da realização do licenciamento ambiental, que é o *"procedimento administrativo pelo qual o órgão ambiental competente licencia a localização, instalação, ampliação e a operação de empreendimentos e atividades utilizadoras de recursos ambientais, consideradas efetiva ou potencialmente poluidoras ou daquelas que, sob qualquer forma, possam causar degradação ambiental"* (art. 1º, inciso I, Resolução CONAMA 237/1997). O licenciamento ambiental é instrumento específico da Lei Federal 6.938/1981 (art. 9º, inciso IV). É, pois, um dos meios mais efetivos, consolidados e desenvolvidos para controle das atividades humanas que impactem o meio ambiente.

Esse processo é conduzido pelo órgão ambiental competente, o qual determinará em um documento chamado *"Termo de Referência"* qual tipo de processo de licenciamento ambiental será aplicável, bem como quais estudos e documentos deverão ser entregues pelo empreendedor (art. 10, incisos I e II, Resolução CONAMA 237/1997).

O processo terá como objetivo a avaliação de possibilidade (ou não) de emissão da licença ambiental requerida, sendo licença o *"ato administrativo pelo qual o órgão ambiental competente, estabelece as condições, restrições e medidas de controle ambiental que deverão ser obedecidas pelo empreendedor"* (art. 1º, inciso II, Resolução CONAMA 237/1997). A licença possui condicionantes, as quais são requisitos a serem cumpridos ante a realidade da atividade/empreendimento e para fins de controle dos seus impactos ambientais. Na legislação federal é estabelecido, como regra, o licenciamento chamado trifásico, ou seja, no qual são emitidas 3 (três) licenças consecutivas. São elas:

- **Licença Prévia (LP)** - concedida na fase preliminar do planejamento do empreendimento ou atividade aprovando sua localização e concepção, atestando a viabilidade ambiental e estabelecendo os requisitos básicos e condicionantes a serem atendidos nas próximas fases de sua implementação (art. 8º, inciso I, Resolução CONAMA 237/1997).
    - o Prazo de vigência: no mínimo o estabelecido no cronograma de elaboração dos planos/programas/projetos do empreendimento/atividade e no máximo 5 (cinco) anos (art. 18, inciso I, Resolução CONAMA 237/1997).

- **Licença de Instalação (LI)** - autoriza a instalação do empreendimento ou atividade de acordo com as especificações constantes dos planos, programas e projetos aprovados, incluindo as medidas de controle ambiental e demais condicionantes, da qual constituem motivo determinante (art. 8º, inciso II, Resolução CONAMA 237/1997).
    - Prazo de vigência: no mínimo, o estabelecido pelo cronograma de instalação do empreendimento ou atividade, e no máximo 6 (seis) anos (art. 18, inciso II, Resolução CONAMA 237/1997).
- **Licença de Operação (LO)** - autoriza a operação da atividade ou empreendimento, após a verificação do efetivo cumprimento do que consta das licenças anteriores, com as medidas de controle ambiental e condicionantes determinados para a operação. Parágrafo único. As licenças ambientais poderão ser expedidas isolada ou sucessivamente, de acordo com a natureza, características e fase do empreendimento ou atividade (art. 8º, inciso III, Resolução CONAMA 237/1997).
    - Prazo de vigência: no mínimo 4 (quatro) anos e no máximo 10 (dez) anos (art. 18, inciso III, Resolução CONAMA 237/1997).

Contudo, também é disposto que poderão ser determinados procedimentos ou licenças específicas a depender das características e peculiaridades do empreendimento/atividade objeto do requerimento de licença (art. 9º e art. 12, *caput*, Resolução CONAMA 237/1997), inclusive para haver um procedimento de licenciamento mais ágil e simplificado quando houver a implementação, pelo empreendedor, de planos e programas voluntários de gestão ambiental com vistas a melhorar e aprimorar o desempenho ambiental (art. 12, § 3º, Resolução CONAMA 237/1997).

Relativo aos prazos das licenças tem-se que eles poderão ser prorrogados quando for requerida a sua renovação em até 120 dias antes do seu vencimento, sendo que para a LP e LI esse prazo não poderá ser superior ao máximo estabelecido na legislação (art. 18, §§ 1º e 4º, Resolução CONAMA 237/1997; art. 14, § 4º, Lei Complementar 140/2011).

Para que o licenciamento ambiental avance, serão requeridos estudos ambientais específicos, definidos como *"todos e quaisquer estudos relativos aos aspectos ambientais relacionados à localização, instalação, operação e ampliação de uma atividade ou empreendimento, apresentado como subsídio para a análise da licença requerida"* (art. 1º, inciso III,

Resolução CONAMA 237/1997). Assim, poderá ser desde um estudo mais complexo como o Estudo Prévio de Impacto Ambiental e seu respectivo relatório, requerido quando do licenciamento ambiental de atividades/ empreendimentos potencialmente causadores de significativa degradação ambiental (art. 225, § 1º, inciso IV, Constituição Federal; art. 3º, *caput*, Resolução CONAMA 237/1997), até estudos mais simples a depender das particularidades da atividade/empreendimento (art. 3º, § único, Resolução CONAMA 237/1997). Os pormenores da elaboração do EIA/ RIMA estão dispostos na Resolução CONAMA 01/1986. Todos os estudos a serem apresentados no decorrer do licenciamento ambiental deverão ser realizados por profissionais legalmente habilitados, bem como serem custeados pelo empreendedor (art. 11, *caput*).

Após a definição do licenciamento a ser conduzido e documentos a serem entregues, bem como formalização do requerimento de licença pelo empreendedor, haverá a análise pelo órgão ambiental competente, podendo ser requeridos esclarecimentos e complementações das informações e documentos disponibilizados (art. 10, incisos III e IV, Resolução CONAMA 237/1997).

Quando couber (art. 10, inciso V, Resolução CONAMA 237/1997), será realizada audiência pública (art. 3º, *caput*, Resolução CONAMA 237/1997), sendo regulamentada pela Resolução CONAMA 09/1987. Como consequência poderá haver pedido de esclarecimentos e complementações pelo órgão ambiental licenciador (art. 10º, inciso VI, Resolução CONAMA 237/1997).

Caso haja necessidade, poderão ser consultados no âmbito do licenciamento ambiental entidades/órgãos específicos, quais sejam:

- **Instituto Chico Mendes para a Conservação da Biodiversidade – ICMBio** (Instrução Normativa 10/GABIN/ICMBio 2020; Resolução CONAMA 428/2010): no caso de afetação às Unidades de Conservação e/ou sua zona de amortecimento.
- **Fundação Nacional do Índio – FUNAI** (Art. 2º, inciso XII, Portaria Interministerial 60/2015): no caso de afetação à terra indígena, compreendida como (i) área ocupada por povos indígenas, cujo relatório circunstanciado de identificação e delimitação tenha sido aprovado por ato da FUNAI; (ii) áreas que tenham sido objeto de portaria de interdição expedida pela FUNAI em razão da localização de índios isolados; e (iii) demais modalidades previstas no art. 17 da Lei nº 6.001, de 19 de dezembro de 1973.
- **Fundação Cultural Palmares** (Art. 2º, inciso XIII, Portaria Interministerial 60/2015): no caso de afetação à terra quilombola,

compreendida como área ocupada por remanescentes das comunidades dos quilombos, que tenha sido reconhecida por RTID devidamente publicado.

Dos órgãos/entidades intervenientes, somente o órgão gestor da Unidade de Conservação (no âmbito federal o ICMBio) tem a vinculação da sua manifestação para o prosseguimento do licenciamento ambiental da atividade/empreendimento sujeito a EIA/RIMA, sendo que para os demais licenciamentos ambientais haverá tão somente ciência do órgão gestor da Unidade de Conservação (art. 2º, § 2º, Resolução CONAMA 428/2010)

Após tais etapas, será emitido parecer técnico conclusivo e, quando couber, parecer jurídico, os quais decidirão pelo deferimento (ou não) do pedido de licenciamento (art. 10, incisos VII e VIII, § 2º, Resolução CONAMA 237/1997).

Após a fase prévia, há análises específicas para os requerimentos de LI e LO, notadamente a verificação de cumprimento das condicionantes da licença anterior, bem como situação atualizada da atividade/empreendimento, a fim de se analisar se a realidade se alterou, necessitando adaptações/adequações às exigências e condicionantes.

As licenças ambientais podem ter suas condicionantes modificadas, bem como as próprias licenças serem suspensas ou canceladas quando (art. 19, incisos I a III):

- violação ou inadequação de quaisquer condicionantes ou normas legais;
- omissão ou falsa descrição de informações relevantes que subsidiaram a expedição da licença;
- superveniência de graves riscos ambientais e de saúde.

Quando do encerramento da atividade também deverá haver a recuperação da área degradada, sendo, pois, um princípio da Política Nacional do Meio Ambiente (art. 2º, inciso VIII, Lei Federal 6.938/1981).

A competência para licenciar está delimitada na Lei Complementar 140/2011, a qual estabelece que o processo de licenciamento ambiental será conduzido:

- **União** (art. 7º, inciso XIV, alíneas "a" a "h"; e o Decreto 8.437/2015): empreendimentos e atividades (i) localizados ou desenvolvidos conjuntamente no Brasil e em país limítrofe; (ii) localizados ou desenvolvidos no mar territorial, na plataforma continental ou na zona econômica exclusiva; (iii) localizados ou desenvolvidos em terras indígenas; (iv) localizados ou desenvolvidos em unidades de conservação instituídas pela União, exceto em Áreas de Proteção Ambiental (APAs); (v) localizados ou desenvolvidos em 2 (dois) ou mais Estados; (vi) de caráter militar, excetuando-se do licenciamento ambiental, nos termos de ato do Poder Executivo, aqueles previstos no preparo e emprego das Forças Armadas; (vii) destinados a pesquisar, lavrar, produzir, beneficiar, transportar, armazenar e dispor material radioativo, em qualquer estágio, ou que utilizem energia nuclear em qualquer de suas formas e aplicações, mediante parecer da Comissão Nacional de Energia Nuclear (Cnen); ou (viii) que atendam tipologia estabelecida por ato do Poder Executivo.

- **Estados** (art. 8º, inciso XIV e XV): atividades ou empreendimentos (i) utilizadores de recursos ambientais, efetiva ou potencialmente poluidores ou capazes, sob qualquer forma, de causar degradação ambiental, ressalvado aqueles de competência da União e dos Municípios; (ii) promover o licenciamento ambiental de atividades ou empreendimentos localizados ou desenvolvidos em unidades de conservação instituídas pelo Estado, exceto em Áreas de Proteção Ambiental (APAs).

- **Municípios** (art. 9º, inciso XIV, alíneas "a" e "b"): atividades ou empreendimentos (i) que causem ou possam causar impacto ambiental de âmbito local, conforme tipologia definida pelos respectivos Conselhos Estaduais de Meio Ambiente, considerados os critérios de porte, potencial poluidor e natureza da atividade; ou (ii) localizados em unidades de conservação instituídas pelo Município, exceto em Áreas de Proteção Ambiental (APAs).

Apesar das competências originárias, é possível a delegação a outro ente federativo, desde que este disponha de órgão ambiental capacitado para o exercício das funções bem como que possua conselho de meio ambiente (art. 5º, *caput*, Lei Complementar 140/2011). Ainda, as atividades/empreendimentos serão licenciados por um único ente federativo, podendo os demais se manifestarem de maneira não vinculante (art. 13, Lei Complementar 140/2011). Também há a possibilidade de atuação supletiva por outro ente federativo que não aquele originariamente competente, desde que ocorra alguma das seguintes hipóteses (art. 15, incisos I a III):

- Inexistindo órgão ambiental capacitado ou conselho de meio ambiente no Estado ou no Distrito Federal, a União deve desempenhar as ações administrativas estaduais ou distritais até a sua criação;

- inexistindo órgão ambiental capacitado ou conselho de meio ambiente no Município, o Estado deve desempenhar as ações administrativas municipais até a sua criação; e
- inexistindo órgão ambiental capacitado ou conselho de meio ambiente no Estado e no Município, a União deve desempenhar as ações administrativas até a sua criação em um daqueles entes federativos.

Outra possibilidade é a de atuação subsidiária dos entes federativos, que seria via apoio técnico, científico, administrativo ou financeiro, desde que solicitado pelo ente federativo competente pelo licenciamento ambiental (art. 16, Lei Complementar 140/2011).

É importante destacar que há, no nível estadual, legislação que dispõe de forma distinta sobre o processo de licenciamento ambiental, tipos de licença, dentre outros aspectos atinentes ao tópico.

5.1.2.1 QUESTÕES

Questão 1
[OAB - XXXII Exame de Ordem Unificado] A sociedade empresária Alfa opera, com regular licença ambiental expedida pelo órgão federal competente, empreendimento da área de refino de petróleo que está instalado nos limites do território do Estado da Federação Beta e localizado no interior de unidade de conservação instituída pela União. Durante o prazo de validade da licença de operação, o órgão federal competente, com a aquiescência do órgão estadual competente do Estado Beta, deseja delegar a execução de ações administrativas a ele atribuídas, consistente na fiscalização do cumprimento de condicionantes da licença ambiental para o Estado Beta. Sobre a delegação pretendida pelo órgão federal, consoante dispõe a Lei Complementar nº 140/2011, assinale a afirmativa correta.

A) É possível, desde que o Estado Beta disponha de órgão ambiental capacitado a executar as ações administrativas a serem delegadas e de conselho de meio ambiente.

B) É possível, desde que haja prévia manifestação dos conselhos nacional e estadual do meio ambiente, do Ministério Público e homologação judicial.

C) Não é possível, eis que a competência para licenciamento ambiental é definida por critérios objetivos estabelecidos na legislação, sendo vedada a delegação de competência do poder de polícia ambiental.

D) Não é possível, eis que a delegação de ações administrativas somente é permitida quando realizada do Município para Estado ou União, ou de Estado para União, vedada a delegação de atribuição ambiental federal.

Questão 2
[OAB - XXXI Exame de Ordem Unificado] Efeito Estufa Ltda., sociedade empresária que atua no processamento de alimentos, pretende instalar nova unidade produtiva na área urbana do Município de Ar Puro, inserida no Estado Y. Para esse fim, verificou que a autoridade competente para realizar o licenciamento ambiental será a do próprio Município de Ar Puro. Sobre o caso, assinale a opção que indica quem deve realizar o estudo de impacto ambiental.

A) O Município de Ar Puro.
B) O Estado Y.

C) O IBAMA.

D) Profissionais legalmente habilitados, às expensas do empreendedor.

Questão 3
[OAB - XXII Exame de Ordem Unificado] A sociedade empresária Asfalto Joia S/A, vencedora de licitação realizada pela União, irá construir uma rodovia com quatro pistas de rolamento, ligando cinco estados da Federação. Sobre o licenciamento ambiental e o estudo de impacto ambiental dessa obra, assinale a afirmativa correta.

A) Em caso de instalação de obra ou atividade potencialmente causadora de significativa degradação do meio ambiente, é exigível a realização de Estudo prévio de Impacto Ambiental (EIA), sem o qual não é possível se licenciar nesta hipótese.

B) O licenciamento ambiental dessa obra é facultativo, podendo ser realizado com outros estudos ambientais diferentes do Estudo prévio de Impacto Ambiental (EIA), visto que ela se realiza em mais de uma unidade da Federação.

C) O Relatório de Impacto Ambiental (RIMA), gerado no âmbito do Estudo prévio de Impacto Ambiental (EIA), deve ser apresentado com rigor científico e linguagem técnica, a fim de permitir, quando da sua divulgação, a informação adequada para o público externo.

D) Qualquer atividade ou obra, para ser instalada, dependerá da realização de Estudo prévio de Impacto Ambiental (EIA), ainda que não seja potencialmente causadora de significativa degradação ambiental.

Questão 4
[OAB - XXI Exame de Ordem Unificado] A sociedade empresária Xique-Xique S.A. pretende instalar uma unidade industrial metalúrgica de grande porte em uma determinada cidade. Ela possui outras unidades industriais do mesmo porte em outras localidades. Sobre o licenciamento ambiental dessa iniciativa, assinale a afirmativa correta.

A) Como a sociedade empresária já possui outras unidades industriais do mesmo porte e da mesma natureza, não será necessário outro licenciamento ambiental para a nova atividade utilizadora de recursos ambientais, se efetiva ou potencialmente poluidora.

B) Para uma nova atividade industrial utilizadora de recursos ambientais, se efetiva ou potencialmente poluidora, é necessária a obtenção da licença ambiental, por meio do procedimento administrativo denominado licenciamento ambiental.

C) Se a sociedade empresária já possui outras unidades industriais do mesmo porte, poderá ser exigido outro licenciamento ambiental para a nova atividade utilizadora de recursos ambientais, se efetiva ou potencialmente poluidora, mas será dispensada a realização de qualquer estudo ambiental, inclusive o de impacto ambiental, no processo de licenciamento.

D) A sociedade empresária só necessitará do alvará da prefeitura municipal autorizando seu funcionamento, sendo incabível a exigência de licenciamento ambiental para atividades de metalurgia.

Questão 5
[OAB - XIV Exame de Ordem Unificado] Kellen, empreendedora individual, obtém, junto ao órgão municipal, licença de instalação de uma fábrica de calçados. A respeito da hipótese formulada, assinale a afirmativa correta.

A) A licença não é válida, uma vez que os municípios têm competência para a análise de estudos de impacto ambiental, mas não para a concessão de licença ambiental.

B) Com a licença de instalação obtida, a fábrica de calçados poderá iniciar suas atividades de produção, gerando direito adquirido pelo prazo mencionado na licença expedida pelo município.

C) A licença é válida, porém não há impedimento que um Estado e a União expeçam licenças relativas ao mesmo empreendimento, caso entendam que haja impacto de âmbito regional e nacional, respectivamente.

D) Para o início da produção de calçados, é imprescindível a obtenção de licença de operação, sendo concedida após a verificação do cumprimento dos requisitos previstos nas licenças anteriores.

Questão 6
[OAB - XI Exame de Ordem Unificado] Técnicos do IBAMA, autarquia federal, verificaram que determinada unidade industrial, licenciada pelo Estado no qual está localizada, está causando degradação ambiental significativa, vindo a lavrar auto de infração pelos danos cometidos. Sobre o caso apresentado e aplicando as regras de licenciamento e fiscalização ambiental previstas na Lei Complementar nº 140/2011, assinale a afirmativa correta.

A) Há irregularidade no licenciamento ambiental, uma vez que em se tratando de atividade que cause degradação ambiental significativa, o mesmo deveria ser realizado pela União.

B) É ilegal a fiscalização realizada pelo IBAMA, que só pode exercer poder de polícia de atividades licenciadas pela União, em sendo a atividade regularmente licenciada pelo Estado.

C) É possível a fiscalização do IBAMA o qual pode, inclusive, lavrar auto de infração, que, porém, não prevalecerá caso o órgão estadual de fiscalização também lavre auto de infração.

D) Cabe somente à União, no exercício da competência de fiscalização, adotar medidas para evitar danos ambientais iminentes, comunicando imediatamente ao órgão competente, em sendo a atividade licenciada pelo Estado.

Questão 7

[OAB – VII Exame de Ordem Unificado] Um *shopping center* que possui cerca de 250 lojas e estacionamento para dois mil veículos, foi construído há doze anos sobre um antigo aterro sanitário e, desde sua inauguração, sofre com a decomposição de material orgânico do subsolo, havendo emissão diária de gás metano, em níveis considerados perigosos à saúde humana, podendo causar explosões. Em razão do caso exposto, assinale a alternativa correta:

A) Como o *shopping* foi construído há mais de cinco anos, a obrigação de elaborar estudo prévio de impacto ambiental e de se submeter a licenciamento já prescreveu. Assim o empreendimento poderá continuar funcionando.

B) A licença de operação ambiental tem prazo de validade de dez anos. Logo o *shopping* já cumpriu com suas obrigações referentes ao licenciamento e ao estudo prévio de impacto ambiental, e poderá continuar com suas atividades regularmente.

C) A decomposição de material orgânico continua ocorrendo, e é considerada perigosa à saúde humana e ao meio ambiente. Logo, o *shopping center* em questão poderá ser obrigado pelo órgão ambiental competente a adotar medidas para promover a dispersão do gás metano, de forma a minimizar ou anular os riscos ambientais, mesmo que já possua licença de operação válida.

D) Caso o *shopping center* possua licença de operação válida, não poderá ser obrigado pelo órgão ambiental competente, no caso exposto, a adotar novas medidas para a dispersão do gás metano. Apenas no momento da renovação de sua licença de operação poderá ser obrigado a adquirir novo equipamento para tal fim.

5.1.2.2 GABARITO

Questão 1 – Alternativa A
Questão 2 – Alternativa D
Questão 3 – Alternativa A
Questão 4 – Alternativa B
Questão 5 – Alternativa D
Questão 6 – Alternativa C
Questão 7 – Alternativa C

5.1.3 AVALIAÇÃO DE IMPACTO AMBIENTAL

A Avaliação de Impacto Ambiental (AIA) não possui definição na legislação, sendo um dos instrumentos da Política Nacional do Meio Ambiente (art. 9º, inciso III, Lei Federal 6.938/1981). Cumpre destacar que na Constituição Federal não há menção à AIA, mas sim ao Estudo Prévio de Impacto Ambiental (art. 225, inciso IV, Constituição Federal), que é um tipo de estudo ambiental exigível no âmbito do licenciamento ambiental de atividades potencialmente causadoras de significativa degradação. Quando muito, tem-se na legislação a definição de estudos ambientais, que seriam *"todos e quaisquer estudos relativos aos aspectos ambientais relacionados à localização, instalação, operação e ampliação de uma atividade ou empreendimento, apresentado como subsídio para a análise da licença requerida, tais como: relatório ambiental, plano e projeto de controle ambiental, relatório ambiental preliminar, diagnóstico ambiental, plano de manejo, plano de recuperação de área degradada e análise preliminar de risco"* (art. 1º, inciso III, Resolução CONAMA 237/1997).

A Avaliação de Impacto Ambiental (AIA) é *"um conjunto de procedimentos concatenados de maneira lógica, com a finalidade de analisar a viabilidade ambiental de projetos e fundamentar uma decisão a respeito"*, sendo o seu sistema um *"mecanismo legal e institucional que torna operacional o processo de AIA em uma determinada jurisdição"* (SANCHEZ, 2013). O IBAMA, em estudo específico, definiu a AIA como sendo *"o processo de análise técnica que subsidia o licenciamento, por meio da análise sistemática dos impactos ambientais decorrentes de atividades ou empreendimentos"* (IBAMA, 2016).

Uma tentativa de regulamentar a AIA pode ser verificada na Resolução CONAMA 1/1986, que dispõe sobre critérios básicos e diretrizes gerais para a avaliação de impacto ambiental. Contudo, cabe destacar que nessa norma foram tão somente determinadas diretrizes para elaboração do EIA/RIMA, rol de atividades sujeitas ao EIA e seu respectivo Relatório de Impacto Ambiental (RIMA), diretrizes gerais para os órgãos licenciadores.

Em 1992, a Declaração do Rio de Janeiro, resultado das discussões da *"Conferência das Nações Unidas sobre o Meio Ambiente e Desenvolvimento"*, comumente conhecida como Rio-92 ou Eco-92, estipulou dentre os seus princípios o seguinte:

> *"Princípio 17*
>
> *A avaliação do impacto ambiental, como instrumento nacional, deve ser empreendida para atividades planejadas que possam vir a ter impacto negativo considerável sobre o meio ambiente, e que dependam de uma decisão de autoridade nacional competente."*

Na Resolução CONAMA 237/1997 foram estabelecidas as diretrizes gerais sobre o licenciamento ambiental federal, as definições específicas, competências para licenciar, prazos de vigência das licenças e seus requisitos de validade/suspensão/revogação. Apesar de não estar expressamente citada, a AIA pode ser interpretada dentro do passo a passo do licenciamento ambiental, especialmente quando dispõe sobre a possibilidade de revisão de condicionantes, suspensão ou cancelamento de licença ambiental (art. 19, incisos I a III, Resolução CONAMA 237/1997).

Cabe apontar que na Resolução CONAMA 237/1997 há o estabelecimento de roteiro básico da AIA para a emissão da primeira licença ambiental, conforme citado no item anterior, abrangendo desde a definição dos documentos/projetos/estudos ambientais necessários até a decisão pelo deferimento ou indeferimento do requerimento de licença ambiental (art. 10 e incisos, Resolução CONAMA 237/1997).

Na visão de Édis Milaré (2015), a AIA se trata somente da análise prévia, sendo avaliações posteriores não se inserem na AIA, mas sim em aferições dos *"resultados"* das atividades/empreendimentos objetos da AIA, conforme se transcreve abaixo:

> *"No caso de licenciamento ambiental figura, como requisito de absoluta necessidade,* **a Avaliação de Impacto Ambiental – AIA, isto é, uma avaliação técnica e prévia (vale dizer, a priori e não a posteriori) dos riscos e danos potenciais que determinado empreendimento ou ação pode causar às características essenciais do meio, seus recursos e seu equilíbrio ecológico.** *É excusado dizer que posteriormente (a posteriori) se poderá aferir os resultados positivos ou negativos que o empreendimento ou a ação tiverem deixado no meio ambiente."* (destacamos)

Sobre esse ponto, Sanchez (2020) esclarece que há uma predominância na literatura de se considerar a AIA sob uma ótica prévia/preventiva, mas que ela também pode ser realizada para avaliar ocorrências passadas, o que seria uma avaliação *ex post* ou *a posteriori*, na qual há um comparativo entre a situação ambiental atual e aquela que existiu em algum momento passado.

Além das normas de procedimento, diretrizes e prazos, há também as normas que estabelecem crimes ambientais e infrações administrativas imputáveis à AIA e licenciamento ambiental. A Lei Federal 9.605/1998 (Lei de Crimes Ambientais) traz o crime de *"elaborar ou apresentar, no licenciamento, concessão florestal ou qualquer outro procedimento administrativo, estudo, laudo ou relatório ambiental total ou parcialmente falso ou enganoso, inclusive por omissão"* (art. 69-A, *caput*, Lei Federal 9.605/1998). A pena aplicável é de reclusão de 3 (três) a 6 (seis) anos, e multa, podendo, caso seja crime culposo, ser de detenção de 1 (um) a 3 (três) anos. Ainda, a pena poderá ser aumentada de 1/3 (um terço) a 2/3 (dois terços) caso haja dano significativo ao meio ambiente, em decorrência do uso da informação falsa, incompleta ou enganosa (art. 69-A, *caput*, §§ 1º e 2º, Lei Federal 9.605/1998).

No que se refere às infrações e sanções administrativas, elas estão relacionadas no Decreto Federal 6.514/2008, cujas tipificações infracionais são em sua maioria semelhantes aos de crimes ambientais da Lei de Crimes Ambientais, estabelecendo, por exemplo:

- Art. 80. Deixar de atender a exigências legais ou regulamentares quando devidamente notificado pela autoridade ambiental competente no prazo concedido, visando à regularização, correção ou adoção de medidas de controle para cessar a degradação ambiental: Multa de R$ 1.000,00 (mil reais) a R$ 1.000.000,00 (um milhão de reais).

- Art. 81. Deixar de apresentar relatórios ou informações ambientais nos prazos exigidos pela legislação ou, quando aplicável, naquele determinado pela autoridade ambiental: Multa de R$ 1.000,00 (mil reais) a R$ 100.000,00 (cem mil reais).

- Art. 82. Elaborar ou apresentar informação, estudo, laudo ou relatório ambiental total ou parcialmente falso, enganoso ou omisso, seja nos sistemas oficiais de controle, seja no licenciamento, na concessão florestal ou em qualquer outro procedimento administrativo ambiental: Multa de R$ 1.500,00 (mil e quinhentos reais) a R$ 1.000.000,00 (um milhão de reais).

- Art. 83. Deixar de cumprir compensação ambiental determinada por lei, na forma e no prazo exigidos pela autoridade ambiental: Multa de R$ 10.000,00 (dez mil reais) a R$ 1.000.000,00 (um milhão de reais).

- Art. 85. Violar as limitações administrativas provisórias impostas às atividades efetiva ou potencialmente causadoras de degradação ambiental nas áreas delimitadas para realização de estudos com vistas à criação de unidade de conservação: Multa de R$ 1.500,00 (mil e quinhentos reais) a R$ 1.000.000,00 (um milhão de reais).

Sobre as sanções, cabe recordar que a Resolução CONAMA 237/1997 estabelece que os estudos necessários para o licenciamento ambiental de atividade serão realizados por profissional habilitado, sendo que as informações apresentadas são de total responsabilidade do empreendedor e dos profissionais envolvidos (art. 11, *caput* e § único, Resolução CONAMA 237/1997).

5.1.3.1 QUESTÕES

Questão 1
[OAB - XI Exame de Ordem Unificado] Em determinado Estado da federação é proposta emenda à Constituição, no sentido de submeter todos os Relatórios de Impacto Ambiental à comissão permanente da Assembleia Legislativa. Com relação ao caso proposto, assinale a afirmativa correta.

A) Os Relatórios e os Estudos de Impacto Ambiental são realizados exclusivamente pela União, de modo que a Assembleia Legislativa não é competente para analisar os Relatórios.

B) A análise e a aprovação de atividade potencialmente causadora de risco ambiental são consubstanciadas no poder de polícia, não sendo possível a análise do Relatório de Impacto Ambiental pelo Poder Legislativo.

C) A emenda é constitucional, desde que de iniciativa parlamentar, uma vez que incumbe ao Poder Legislativo a direção superior da Administração Pública, incluindo a análise e a aprovação de atividades potencialmente poluidoras.

D) A emenda é constitucional, desde que seja de iniciativa do Governador do Estado, que detém competência privativa para iniciativa de emendas sobre organização administrativa, judiciária, tributária e ambiental do Estado.

Questão 2
[OAB - X Exame de Ordem Unificado] Na perspectiva da tutela do direito difuso ao meio ambiente, o ordenamento constitucional exigiu o estudo de impacto ambiental para instalação e desenvolvimento de certas atividades. Nessa perspectiva, o estudo prévio de impacto ambiental está concretizado no princípio

A) da precaução.
B) da prevenção.
C) da vedação ao retrocesso.
D) do poluidor-pagador.

5.1.3.2 GABARITO

Questão 1 – Alternativa B
Questão 2 – Alternativa B

6 - FLORA

Os Espaços Territoriais Especialmente Protegidos encontram guarida na Constituição Federal, quando esta determina que incumbe ao Poder Público *"definir, em todas as unidades da Federação, espaços territoriais e seus componentes a serem especialmente protegidos, sendo a alteração e a supressão permitidas somente através de lei, vedada qualquer utilização que comprometa a integridade dos atributos que justifiquem sua proteção"* (art. 225, § 1º, III). Foi definido na Constituição Federal, pois, diversos espaços de especial proteção, como Floresta Amazônica brasileira, a Mata Atlântica, a Serra do Mar, o Pantanal Mato-Grossense e a Zona Costeira (art. 225, § 4º), terras indígenas (art. 231, *caput* e parágrafos), território quilombola (art. 68) e sítios de valor histórico, paisagístico, artístico, arqueológico, paleontológico, ecológico e científico (art. 216, V).

Ainda, consideram-se áreas protegidas aquelas determinadas em leis, como as constantes (i) na Lei Federal 12.651/2012 (Código Florestal), como Áreas de Preservação Permanente (APP), Reserva Legal (RL) e áreas de uso restrito; e (ii) na Lei Federal 9.985/2000 (Sistema Nacional de Unidades de Conservação – SNUC.

6.1.1 QUESTÕES

Questão 1
[OAB – XII Exame de Ordem Unificado] Com relação aos ecossistemas Floresta Amazônica, Mata Atlântica, Serra do Mar, Pantanal mato-grossense e Zona Costeira, assinale a afirmativa correta.

A) Tais ecossistemas são considerados pela CRFB/1988 patrimônio difuso, logo todos os empreendimentos nessas áreas devem ser precedidos de licenciamento e estudo prévio de impacto ambiental.

B) Tais ecossistemas são considerados patrimônio nacional, devendo a lei infraconstitucional disciplinar as condições de utilização e de uso dos recursos naturais, de modo a garantir a preservação do meio ambiente.

C) Tais ecossistemas são considerados bens públicos, pertencentes à União, devendo a lei infraconstitucional disciplinar suas condições de utilização, o uso dos recursos naturais e as formas de preservação.

D) Tais ecossistemas possuem terras devolutas que são, a partir da edição da Lei nº 9.985/2000, consideradas unidades de conservação de uso sustentável, devendo a lei especificar as regras de ocupação humana nessas áreas.

6.1.2 GABARITO

Questão 1 – Alternativa B

6.2 LEI DA MATA ATLÂNTICA

O bioma Mata Atlântica é um patrimônio nacional protegido pela Constituição Federal (art. 225, § 4º). É, também, o único bioma brasileiro com lei federal específica que trata das suas particularidades e que lhe dá tratamento especializado, qual seja, a Lei Federal 11.428/2006, que dispõe sobre a utilização da vegetação nativa do Bioma Mata Atlântica, especialmente quanto a sua conservação, proteção, regeneração e utilização (art. 1º). São considerados integrantes deste bioma, para fins de uso e conservação dos remanescentes de vegetação nativa no estágio primário e nos estágios secundário inicial, médio e avançado de regeneração (art. 2º, *caput* e § 1º):

- Floresta Ombrófila Densa
- Floresta Ombrófila Mista, também denominada de Mata de Araucárias
- Floresta Ombrófila Aberta
- Floresta Estacional Semidecidual
- Floresta Estacional Decidual
- os manguezais, as vegetações de restingas, campos de altitude, brejos interioranos e encraves florestais do Nordeste

Dependerá de autorização do órgão estadual competente o corte ou supressão da vegetação secundária em estágio inicial de regeneração da Mata Atlântica (art. 32, *caput*, Decreto Federal 6.660/2008). Cabe ressaltar que será necessária a anuência prévia (art. 19, *caput*, incisos I e II e § 1º, do Decreto Federal 6.660/2008) do Instituto Brasileiro do Meio Ambiente e dos Recursos Naturais Renováveis (IBAMA) ou do Instituto Chico Mendes de Conservação da Biodiversidade (ICMBio), nos casos de vegetação localizada em unidades de conservação federais) quando houver a supressão de vegetação primária ou secundária em estágio médio ou avançado de regeneração acima de (i) cinquenta hectares por empreendimento, isolada ou cumulativamente; ou (ii) três hectares por empreendimento, isolada ou cumulativamente, quando localizada em área urbana ou região metropolitana.

Importante especificar que, quanto às atividades minerárias, determina-se (art. 32) que a supressão de vegetação secundária em estágio avançado e médio de regeneração somente será admitida (i) mediante licenciamento ambiental (com respectivo Estudo Prévio de Impacto Ambiental/Relatório de Impacto Ambiental – EIA/RIMA, pelo empreendedor), desde que comprovada a inexistência de alternativa técnica e locacional; e (ii) adoção de medida compensatória que inclua a recuperação de área equivalente à área do empreendimento, com as mesmas características ecológicas, na mesma bacia hidrográfica e sempre que possível na mesma microbacia hidrográfica, independentemente do que dispõe o SNUC (art. 36 da Lei Federal 9.985/2000).

A Lei Federal 9.605/1998 traz específica tipificação penal para o bioma, qual seja:

> *Art. 38-A. Destruir ou danificar vegetação primária ou secundária, em estágio avançado ou médio de regeneração, do Bioma Mata Atlântica, ou utilizá-la com infringência das normas de proteção:*
>
> *Pena – detenção, de 1 (um) a 3 (três) anos, ou multa, ou ambas as penas cumulativamente.*
>
> *Parágrafo único. Se o crime for culposo, a pena será reduzida à metade.*

Importante discussão adveio via Despacho 4.410/2020, do então Ministro do Meio Ambiente Ricardo Salles, o qual aprovou a Nota nº 00039/2020/CONJUR-MMA/CGU/AGU, notadamente para aplicar ao Bioma Mata Atlântica os dispositivos do Código Florestal (especificamente o regime de uso consolidado das Áreas de Preservação Permanente – APP), sendo entendimento vinculante a todo o MMA. Após intensa reação negativa nas mais diversas frentes[15], o ministro revogou[16] o referido Despacho e ajuizou no STF a Ação Direta de Inconstitucionalidade (ADI) 6.446 a fim de buscar prevalência da interpretação aprovada no Despacho.

---

[15] https://cms.sosma.org.br/reflexoes-sobre-a-nao-incidencia-do-regime-de-uso-consolidado-da-area-de-preservacao-permanente-app-no-bioma-mata-atlantica/ - Acesso em 08/06/2022

[16] https://oeco.org.br/salada-verde/salles-volta-atras-e-revoga-despacho-que-invalidava-lei-da-mata-atlantica/ - Acesso em 08/06/2022

6.3 CÓDIGO FLORESTAL

O chamado "novo" Código Florestal foi oficializado pela Lei Federal 12.651/2012, a qual dispõe sobre a proteção da vegetação nativa. Essa norma substituiu o Código Florestal instituído pela Lei Federal 4.771/1965 (o qual já havia sucedido o Decreto Federal 23.793/1934). Antes de adentrar nos seus pormenores, necessário rememorar que o Código foi de 5 (cinco) processos no Supremo Tribunal Federal (STF) (ADIs 4.901, 4.902, 4.903, 4.937 e a ADC 42) para discutir a constitucionalidade de diversos dos seus dispositivos e, como resultado, tivemos[17]:

Resultado	Dispositivos abrangidos pelo entendimento
Interpretação conforme a Constituição	- Art. 3º, inciso VIII, alínea "b" - situações de utilidade pública, especificamente quanto às expressões "gestão de resíduos" e "instalações necessárias à realização de competições esportivas estaduais, nacionais e internacionais". - Art. 3º, inciso VIII, alíneas "a" a "e", inciso IX, alíneas "a" a "g" - Condicionamento de inexistência de alternativa locacional e técnica, por processo administrativo próprio, para intervenções em APP por utilidade pública e interesse social. - Art. 3º, inciso XVII; Art. 4º, inciso IV: consideração como APP as nascentes e olhos d´água intermitentes. - Arts. 44 e 48, § 2º: permissão de compensação de RL entre áreas com identidade ecológica. - Art. 59, §§ 4º e 5º: afastamento da decadência/prescrição para infrações ocorridas antes de 22/07/2008 e sanções decorrentes durante cumprimento dos termos de compromisso do Programa de Regularização Ambiental (PRA).
Inconstitucional	- Art. 3º, § único - retirada das expressões "demarcadas" (para terras indígenas) e "tituladas" (para demais áreas de povos e comunidades tradicionais) para fins de consideração como "pequena propriedade ou posse rural familiar".

---

[17] https://terradedireitos.org.br/uploads/arquivos/Quadro-ADIs-Codigo-Florestal-final.pdf - Acesso em 06/06/2022

DIREITO AMBIENTAL

Constitucional	• **Art. 3º, inciso XIX** - definição de "leito regular". • **Art. 4º, inciso III, §§ 1º e 4º**: consideração como APP das áreas definidas na licença ambiental do empreendimento no entorno de reservatórios d´água artificiais, decorrentes de barramento ou represamento de cursos d´água naturais. Inexigibilidade de APP quando o reservatório artificial não decorrer de barramento/represamento de curso d´água natural. Dispensa de APP quando as acumulações naturais ou artificiais de água tiverem superfície inferior a 1 (um) hectare, mas vedada nova supressão de vegetação nativa a não ser em caso de autorização do órgão ambiental competente. • **Art. 4º, § 5º**: admissão de plantio de culturas temporárias e sazonais que especifica, desde que não haja nova supressão de vegetação nativa, sejam conservadas a qualidade da água e do solo e protegida a fauna silvestre. • **Art. 4º, § 6º**: admissão da prática de aquicultura e infraestrutura física diretamente a associada a ela em APPs, para imóveis de até 15 (quinze) módulos fiscais e desde que cumpridos requisitos que elenca. • **Art. 5º**: Obrigação de aquisição/desapropriação/instituição de servidão nas APPs do entorno de reservatórios d´água artificiais destinados à geração de energia ou abastecimento público. • **Art. 7º, *caput*, §§ 1º e 3º**: obrigação de manutenção da APP, bem como a promoção da sua recomposição quando tiver ocorrido supressão da vegetação. Vedação de concessão de novas autorizações de supressão quando tiver ocorrido, após 22/07/2008, supressão não autorizada e sem a sua recomposição. • **Art. 8º, *caput* e § 2º**: Estabelecimento de que somente poderá haver supressão de vegetação nativa em APP nos casos de utilidade pública, interesse social ou baixo impacto ambiental. Possibilidade excepcional de haver intervenção ou supressão de vegetação nativa em APP em restingas e manguezais, notadamente para obras habitacionais e de urbanização em áreas urbanas ocupadas por população de baixa renda e quando inseridas em projetos de regularização fundiária de interesse social. • **Art. 11**: Permissões para atividades em áreas com inclinação entre 25° e 45°. • **Art. 12, *caput*, §§ 4º e 5º**: Obrigação de manutenção de RL nos imóveis, bem como de possibilidade de redução dos percentuais legais. • **Art. 12, §§ 6º, 7º e 8º**: Dispensas da obrigação de manutenção a RL. • **Art. 13, *caput* e § 1º**: possibilidade de instituir servidão ambiental e Cota de Reserva Ambiental (CRA) sobre área de RL excedente na propriedade. • **Art. 15, *caput* e inciso I**: possibilidade de se computar APP no cálculo percentual de RL, desde que não haja conversão de novas áreas para uso alternativo do solo. • **Art. 17, *caput* e § 3º**: dever se conservar RL, obrigando-se a suspensão de atividades em área de RL desmatada irregularmente após 22/07/2008. • **Art. 28**: vedação da conversão de vegetação nativa para uso alternativo do solo, em imóvel rural com área abandonada. • **Art. 60**: suspensão da punibilidade prevista na Lei de Crimes Ambientais (arts. 38, 39 e 48) enquanto o termo de compromisso para regularização do imóvel/posse rural estiver sendo cumprido. • **Art. 61-A, 61-B, 61-C**: possibilidade de continuidade de atividades agrossilvipastoris, de ecoturismo e de turismo rural em APP de áreas rurais consolidadas até 22/07/2008. Garantia de exigência de recomposição para proprietários/possuidores de imóveis rurais de até 10 módulos fiscais (situação em 22/07/2008) e que desenvolviam atividades agrossilvipastoris em áreas consolidadas em APP. Exigência de recomposição de áreas consolidadas em APP em assentamentos do Programa de Reforma Agrária. • **Art. 62**: APP de reservatórios artificiais de água destinados à geração de energia ou abastecimento público será a distância entre o nível máximo operativo normal e a cota máxima maximorum quando forem registrados ou tenham contrato de concessão assinado antes da Medida Provisória 2166-67/2001. • **Art. 63**: admissão da manutenção, em áreas rurais consolidadas, de atividades florestais, culturas de espécies lenhosas e infraestrutura física associada ao desenvolvimento de atividades agrossilvipastoris. Veda a conversão de novas áreas para uso alternativo do solo. • **Art. 66, *caput*, § 5º, incisos I a IV**: possibilidade de regularização de área de RL em imóvel rural, via PRA, quando o percentual for menor do que devido, tendo por base a data de 22/07/2008. Possibilidade de compensação da RL.

6 - FLORA

Segundo a Lei Federal 12.651/2012 (Código Florestal), é Área de Preservação Permanente (APP) a área protegida, coberta ou não por vegetação nativa, com a função ambiental de preservar os recursos hídricos, a paisagem, a estabilidade geológica e a biodiversidade, facilitar o fluxo gênico de fauna e flora, proteger o solo e assegurar o bem-estar das populações humanas (art. 3º, inciso II).

Ainda, o Código Florestal estabelece as metragens mínimas para as APPs, seja em áreas rurais ou urbanas, quais sejam (art. 4º, incisos I a XI, Lei Federal 12.651/2012):

- as faixas marginais de qualquer curso d'água natural perene e intermitente, excluídos os efêmeros, desde a borda da calha do leito regular.
- as áreas no entorno dos lagos e lagoas naturais.
- as áreas no entorno dos reservatórios d'água artificiais, decorrentes de barramento ou represamento de cursos d'água naturais.
- as áreas no entorno das nascentes e dos olhos d'água perenes, qualquer que seja sua situação topográfica.
- as encostas ou partes destas com declividade superior a 45º, equivalente a 100% (cem por cento) na linha de maior declive.
- as restingas, como fixadoras de dunas ou estabilizadoras de mangues.
- os manguezais, em toda a sua extensão.
- as bordas dos tabuleiros ou chapadas, até a linha de ruptura do relevo.
- no topo de morros, montes, montanhas e serras, com altura mínima de 100 (cem) metros e inclinação média maior que 25º, as áreas delimitadas a partir da curva de nível correspondente a 2/3 (dois terços) da altura mínima da elevação sempre em relação à base, sendo esta definida pelo plano horizontal determinado por planície ou espelho d'água adjacente ou, nos relevos ondulados, pela cota do ponto de sela mais próximo da elevação.
- as áreas em altitude superior a 1.800 (mil e oitocentos) metros, qualquer que seja a vegetação.
- em veredas, a faixa marginal, em projeção horizontal, com largura mínima de 50 (cinquenta) metros.

Especial atenção para exceções à proteção das APPs. É estabelecido pelo Código Florestal que não será exigida APP no entorno de reservatórios artificiais de água que não decorram de barramento ou represamento de cursos d'água naturais (art. 4º, § 1º). Ainda, importante ressaltar a possibilidade de intervenção ou supressão de vegetação nativa em APP quando ocorrer situação de utilidade pública, interesse social ou baixo impacto ambiental, sendo que para nascentes, dunas e restingas a autorização somente será possível em caso de utilidade pública (art. 8º, *caput* e § 1º).

Importante ressaltar que sobre as APPs em área urbana há controvérsia. Em abril de 2021 houve julgamento do Tema Repetitivo 1.010 no STJ, que estabeleceu que as APPs em áreas urbanas consolidadas deveriam respeitar as metragens mínimas estabelecidas no Código Florestal (de 30 metros a 500 metros, a depender do curso d´água), sendo determinada a seguinte tese:

> *"Na vigência do novo Código Florestal (Lei nº 12.651/2012), a extensão não edificável nas Áreas de Preservação Permanente de qualquer curso d'água, perene ou intermitente, em trechos caracterizados como área urbana consolidada, **deve respeitar o que disciplinado pelo seu art. 4º, caput, inciso I, alíneas a, b, c, d e e, a fim de assegurar a mais ampla garantia ambiental a esses espaços territoriais especialmente protegidos e, por conseguinte, à coletividade.**"* (destacamos)

Contudo, em dezembro de 2021 foi publicada a Lei Federal 14.285/2021, que incluiu no Código Florestal a possibilidade das metragens das APPs em áreas urbanas consolidadas serem diferentes das estabelecidas no Código, desde que ouvidos os conselhos estaduais, municipais ou distrital de meio ambiente, lei municipal ou distrital, e com regras que estabeleçam:

- a não ocupação de áreas com risco de desastres;
- a observância das diretrizes do plano de recursos hídricos, do plano de bacia, do plano de drenagem ou do plano de saneamento básico, se houver; e
- a previsão de que as atividades ou os empreendimentos a serem instalados nas áreas de preservação permanente urbanas devem observar os casos de utilidade pública, de interesse social ou de baixo impacto ambiental fixados no Código Florestal.

Além desse ponto, consta no Acórdão do Tema Repetitivo 1010 que para as APPs em áreas urbanas prevalece a metragem disciplinada pelo Código Florestal em relação ao da Lei de Parcelamento do Solo Urbano (Lei 6.766/1976):

> *"RECURSO ESPECIAL REPETITIVO. AMBIENTAL. CONTROVÉRSIA A ESPEITO DA INCIDÊNCIA DO ART. 4º, I, DA LEI Nº 12.651/2012 (NOVO CÓDIGO*

FLORESTAL) OU DO ART. 4º, CAPUT, III, DA LEI Nº 6.766/1979 (LEI DE PARCELAMENTO DO SOLO URBANO). DELIMITAÇÃO DA EXTENSÃO DA FAIXA NÃO EDIFICÁVEL A PARTIR DAS MARGENS DE CURSOS D'ÁGUA NATURAIS EM TRECHOS CARACTERIZADOS COMO ÁREA URBANA CONSOLIDADA.

(...)

6. A disciplina da extensão das faixas marginais a cursos d'água no meio urbano foi apreciada inicialmente nesta Corte Superior no julgamento do REsp 1.518.490/SC, Relator Ministro Og Fernandes, Segunda Turma, DJe de 15/10/2019, precedente esse que solucionou, especificamente, a antinomia entre a norma do antigo Código Florestal (art. 2º da Lei nº 4.771/1965) e a norma da Lei de Parcelamento do Solo Urbano (art. 4º, III, da Lei nº 6.766/1976), **com a afirmação de que o normativo do antigo Código Florestal é o que deve disciplinar a largura mínima das faixas marginais ao longo dos cursos d'água no meio urbano.** *Nesse sentido: Resp 1.505.083/SC, Rel. Min. Napoleão Nunes Maia Filho, Primeira Turma, Dje 10/12/2018; AgInt no REsp 1.484.153/SC, Rel. Min. Gurgel de Faria, Primeira Turma, DJe 19/12/2018; REsp 1.546.415/SC, Rel. Min. Og Fernandes, Segunda Turma, DJe 28/2/2019; e AgInt no REsp 1.542.756/SC, Rel. Min. Mauro Campbell Marques, DJe 2/4/2019.*

7. **Exsurge inarredável que a norma inserta no novo Código Florestal (art. 4º, caput, inciso I), ao prever medidas mínimas superiores para as faixas marginais de qualquer curso d´água natural perene e intermitente, sendo especial e específica para o caso em face do previsto no art. 4º, III, da Lei nº 6.766/1976, é a que deve reger a proteção das APPs ciliares ou ripárias em áreas urbanas consolidadas,** *espaços territoriais especialmente protegidos (art. 225, III, da CF/1988), que não se condicionam a fronteiras entre o meio rural e o urbano. (...)"*

Outra controvérsia foi a tentativa de revogação, via Resolução CONAMA 500/2020, das Resoluções CONAMA 303/2002 (que dispõe sobre os parâmetros, definições e limites de Áreas de Preservação Permanente de reservatórios artificiais e o regime de uso do entorno) e da Resolução CONAMA 303/2002 (que dispõe sobre parâmetros, definições e limites de Áreas de Preservação Permanente). Ambas as normas então revogadas dispunham sobre parâmetros, definições e limites de APP, especialmente de restingas, manguezais e reservatórios artificiais. Objeto de grande celeuma, o tema foi objeto de 3 (três) Ações de Descumprimento de Preceito Fundamental (ADPFs) no STF, quais sejam, 747, 748 e 749, todas declarando a inconstitucionalidade da Resolução CONAMA 500/2020. Vale destacar o embate entre diferentes visões de renomados juristas no Instituto dos Advogados Brasileiros (IAB), sendo decidida como posição do Instituto que a Resolução é ilegal e inconstitucional[18].

Segundo a Lei Federal 12.651/2012 (Código Florestal), é a Reserva Legal (RL) a área localizada no interior de uma propriedade ou posse rural, delimitada e com a função de assegurar o uso econômico de modo sustentável dos recursos naturais do imóvel rural, auxiliar a conservação e a reabilitação dos processos ecológicos e promover a conservação da biodiversidade, bem como o abrigo e a proteção de fauna silvestre e da flora nativa (art. 3º, inciso III). A RL pode ser instituída em regime de condomínio ou coletiva entre propriedades rurais (art. 16, *caput*), sendo que deverá estar registrada no Cadastro Ambiental Rural – CAR, mediante a apresentação de planta e memorial descritivo, contendo a indicação das coordenadas geográficas com pelo menos um ponto de amarração, sendo desnecessária, após inscrição no CAR, da sua averbação no Cartório de Registro de Imóveis (art. 18, *caput*, §§ 1º e 4º).

O CAR é, segundo o Código, um *"registro público eletrônico de âmbito nacional, obrigatório para todos os imóveis rurais, com a finalidade de integrar as informações ambientais das propriedades e posses rurais, compondo base de dados para controle, monitoramento, planejamento ambiental e econômico e combate ao desmatamento"* (art. 29, *caput*). No CAR deverá haver a identificação do proprietário ou possuidor rural, a comprovação da propriedade ou posse e a identificação do imóvel (especialmente por planta, memorial descritivo e coordenadas geográficas). Necessário ressaltar que tanto APP quanto RL devem estar devidamente localizadas na identificação do imóvel, assim como vegetação nativa, Áreas de Uso Restrito e áreas consolidadas (art. 29, § 1º). Para as propriedades e posses rurais pendentes de adequação, deverá haver a adesão ao Programa de Regularização Ambiental – PRA (art. 59, *caput*), sendo incumbência da União a elaboração de normas gerais sobre o tema e dos Estados/Distrito Federal a especificação conforme as peculiaridades territoriais, climáticas, históricas, culturais, econômicas e sociais (art. 29, § 1º).

---

[18] https://www.iabnacional.org.br/noticias/iab-considera-inconstitucional-decisao-do-conama-que-revogou-regras-de-protecao-ambiental - Acessado em 15/08/2022.

É estabelecido, também, que todo imóvel rural deve manter área com cobertura de vegetação nativa, a título de Reserva Legal, sem prejuízo da aplicação das normas sobre as Áreas de Preservação Permanente, observados os seguintes percentuais mínimos em relação à área do imóvel (art. 12, incisos I e II):

- localizado na Amazônia Legal:
    - 80% (oitenta por cento), no imóvel situado em área de florestas;
    - 35% (trinta e cinco por cento), no imóvel situado em área de cerrado;
    - 20% (vinte por cento), no imóvel situado em área de campos gerais;
- localizado nas demais regiões do País: 20% (vinte por cento).

Cabe ressaltar que os empreendimentos de abastecimento público de água e tratamento de esgoto não estão sujeitos à constituição de Reserva Legal, tampouco nas áreas adquiridas ou desapropriadas por detentor de concessão, permissão ou autorização para exploração de potencial de energia hidráulica, nas quais funcionem empreendimentos de geração de energia elétrica, subestações ou sejam instaladas linhas de transmissão e de distribuição de energia elétrica (art. 12, §§ 6º e 7º). Também não será exigida RL relativa às áreas adquiridas ou desapropriadas com o objetivo de implantação e ampliação de capacidade de rodovias e ferrovias (art. 12, § 8º).

O Código Florestal estabelece, também, critérios para a localização da área de RL no imóvel rural, que deverá levar em consideração os seguintes estudos e critérios (art. 14, incisos I a V):

- o plano de bacia hidrográfica;
- o Zoneamento Ecológico-Econômico
- a formação de corredores ecológicos com outra Reserva Legal, com Área de Preservação Permanente, com Unidade de Conservação ou com outra área legalmente protegida;
- as áreas de maior importância para a conservação da biodiversidade; e
- as áreas de maior fragilidade ambiental.

O órgão estadual integrante do Sisnama ou instituição por ele habilitada deverá aprovar a localização da Reserva Legal após a inclusão do imóvel no CAR (art. 14, § 1º). Ainda, o Código Florestal traz a possibilidade de se computar a RL na APP desde que (art. 15, incisos I a III):

- o benefício não implique a conversão de novas áreas para o uso alternativo do solo;
- a área a ser computada esteja conservada ou em processo de recuperação, conforme comprovação do proprietário ao órgão estadual integrante do Sisnama; e
- o proprietário ou possuidor tenha requerido inclusão do imóvel no Cadastro Ambiental Rural – CAR.

6.3.1 QUESTÕES

Questão 1
[OAB – XXVI Exame de Ordem Unificado] Gabriela, pequena produtora rural que desenvolve atividade pecuária, é avisada por seu vizinho sobre necessidade de registrar seu imóvel rural no Cadastro Ambiental Rural (CAR), sob pena de perder a propriedade do bem. Sobre a hipótese, assinale a afirmativa correta.

A) Gabriela não tem a obrigação de registrar o imóvel no CAR por ser pequena produtora rural.

B) Gabriela tem a obrigação de registrar o imóvel no CAR, sob pena de perder a propriedade do bem, que apenas poderá ser reavida por ação judicial.

C) Gabriela tem a obrigação de registrar o imóvel no CAR; o registro não será considerado título para fins de reconhecimento do direito de propriedade ou posse.

D) Gabriela tem a obrigação de registrar o imóvel no CAR; o registro autoriza procedimento simplificado para concessão de licença ambiental.

Questão 2
[OAB – XIV Exame de Ordem Unificado] A definição dos espaços territoriais especialmente protegidos é fundamental para a manutenção dos processos ecológicos. Sobre o instituto da Reserva Legal, de acordo com o Novo Código Florestal (Lei nº 12.651/2012), assinale a afirmativa correta.

A) Pode ser instituído em área rural ou urbana, desde que necessário à reabilitação dos processos ecológicos.

B) Incide apenas sobre imóveis rurais, e sua área deve ser mantida sem prejuízo da aplicação das normas sobre as Áreas de Preservação Permanente.

C) Foi restringida, de acordo com a Lei nº 12.651/2012, às propriedades abrangidas por Unidades de Conservação.

D) Incide apenas sobre imóveis públicos, consistindo em área protegida para a preservação da estabilidade geológica e da biodiversidade.

Questão 3

[OAB – X Exame da Ordem Unificado] João, militante ambientalista, adquire chácara em área rural já degradada, com o objetivo de cultivar alimentos orgânicos para consumo próprio. Alguns meses depois, ele é notificado pela autoridade ambiental local de que a área é de preservação permanente. Sobre o caso, assinale a afirmativa correta.

A) João é responsável pela regeneração da área, mesmo não tendo sido responsável por sua degradação, uma vez que se trata de obrigação *propter rem*.

B) João somente teria a obrigação de regenerar a área caso soubesse do dano ambiental cometido pelo antigo proprietário, em homenagem ao princípio da boa-fé.

C) O único responsável pelo dano é o antigo proprietário, causador do dano, uma vez que João não pode ser responsabilizado por ato ilícito que não cometeu.

D) Não há responsabilidade do antigo proprietário ou de João, mas da Administração Pública, em razão da omissão na fiscalização ambiental quando da transmissão da propriedade.

6.3.2 GABARITO

Questão 1 – Alternativa C
Questão 2 – Alternativa B
Questão 3 – Alternativa A

7 - BIODIVERSIDADE

7.1.1 SNUC

O regime jurídico atinente às unidades de conservação está disposto na Lei Federal 9.985/2000 (Lei do Sistema Nacional de Unidades de Conservação - SNUC), bem como pelo seu regulamento trazido pelo Decreto Federal 4.340/2002.

Conforme a Lei, Unidade de Conservação (UC) é o "*espaço territorial e seus recursos ambientais, incluindo as águas jurisdicionais, com características naturais relevantes, legalmente instituído pelo Poder Público, com objetivos de conservação e limites definidos, sob regime especial de administração, ao qual se aplicam garantias adequadas de proteção*" (art. 2º, inciso I). Ela é criada por ato do Poder Público (art. 22, *caput*), devendo ser precedida de estudos técnicos e consulta pública para fins de identificação da sua localização, dimensão e limites, sendo a consulta pública facultativa nos casos de instituição de Estações Ecológicas ou Reservas Biológicas (art. 22, § 1º). É estabelecido que a UC pode ser ampliada por ato normativo de mesmo nível hierárquico daquele que a criou, desde que respeitados os seus limites originais, sendo que a sua desafetação ou redução deverá ser via lei específica (art. 22, §§ 6º e 7º).

Sobre o tema, importante precedente do STF:

> EMENTA: AÇÃO DIRETA DE INCONSTITUCIONALIDADE. MEDIDA PROVISÓRIA Nº 558/2012. CONVERSÃO NA LEI Nº 12.678/2012. INÉPCIA DA INICIAL E PREJUÍZO DA AÇÃO QUANTO AOS ARTS. 6º E 11 DA MEDIDA PROVISÓRIA Nº 558/2012 E AO ART. 20 DA LEI Nº 12.678/2012. POSSIBILIDADE DE EXAME DOS REQUISITOS CONSTITUCIONAIS PARA O EXERCÍCIO DA COMPETÊNCIA EXTRAORDINÁRIA NORMATIVA DO CHEFE DO EXECUTIVO. AUSÊNCIA DOS PRESSUPOSTOS DE RELEVÂNCIA E URGÊNCIA. **ALTERAÇÃO DA ÁREA DE UNIDADES DE CONSERVAÇÃO POR MEDIDA PROVISÓRIA. IMPOSSIBILIDADE. CONFIGURADA OFENSA AO PRINCÍPIO DA PROIBIÇÃO DE RETROCESSO**

> *SOCIOAMBIENTAL. AÇÃO PARCIALMENTE CONHECIDA E, NESSA PARTE, JULGADA PROCEDENTE, SEM PRONÚNCIA DE NULIDADE.*
>
> *(...)*
>
> *3. As medidas provisórias não podem veicular norma que altere espaços territoriais especialmente protegidos, sob pena de ofensa ao art. 225, inc. III, da Constituição da República.*
>
> *4. As alterações promovidas pela Lei nº 12.678/2012 importaram diminuição da proteção dos ecossistemas abrangidos pelas unidades de conservação por ela atingidas, acarretando ofensa ao princípio da proibição de retrocesso socioambiental, pois atingiram o núcleo essencial do direito fundamental ao meio ambiente ecologicamente equilibrado previsto no art. 225 da Constituição da República. (...)*
>
> (STF, ADI 4.717, Relatora Ministra Cármen Lúcia, julgado em 05/04/2018 – Destacamos)

Importante destacar que as UCs possuem a chamada zona de amortecimento, definida como "*o entorno de uma unidade de conservação, onde as atividades humanas estão sujeitas a normas e restrições específicas, com o propósito de minimizar os impactos negativos sobre a unidade*" (art. 2º, inciso XVIII). A ocupação e uso dos recursos da zona de amortecimento da UC será estabelecida por normas específicas do órgão responsável pela sua administração (art. 25, § 1º).

Ainda, é necessário que as UCs possuam Plano de Manejo (art. 26, caput), que é o "*documento técnico mediante o qual, com fundamento nos objetivos gerais de uma unidade de conservação, se estabelece o seu zoneamento e as normas que devem presidir o uso da área e o manejo dos recursos naturais, inclusive a implantação das estruturas físicas necessárias à gestão da unidade*" (art. 2º, inciso XVII).

É estabelecido no Decreto Federal 4.340/2002 que o Plano de Manejo será aprovado via (art. 12, inciso I e II):

- **Portaria do órgão executor**, no caso de Estação Ecológica, Reserva Biológica, Parque Nacional, Monumento Natural, Refúgio de Vida Silvestre, Área de Proteção Ambiental, Área de Relevante Interesse Ecológico, Floresta Nacional, Reserva de Fauna e Reserva Particular do Patrimônio Natural;

- **Resolução do conselho deliberativo**, no caso de Reserva Extrativista e Reserva de Desenvolvimento Sustentável, após prévia aprovação do órgão executor.

As unidades de conservação são divididas em dois grupos: de proteção integral (objetivo de preservar a natureza, sendo admitido apenas o uso indireto dos seus recursos naturais, com exceção dos casos previstos na Lei – art. 7º, § 1º, do SNUC) e de uso sustentável (objetivo de compatibilizar a conservação da natureza com o uso sustentável de parcela dos seus recursos naturais – art. 7º, § 2º, do SNUC).

São Unidades de Conservação do grupo de Proteção Integral: Estação Ecológica, Reserva Biológica, Parque Nacional, Monumento Natural e Refúgio de Vida Silvestre.

Tipo de Unidade de Conservação	Características
Estação Ecológica	Objetiva a preservação da natureza e a realização de pesquisas científicas, em áreas de posse e domínio públicos, devendo haver desapropriação das áreas particulares (art. 9º, *caput* e § 1º, SNUC). A visitação pública é proibida, salvo se de caráter educacional e de acordo com o Plano de Manejo da Unidade de Conservação (art. 9º, § 2º, SNUC). Já as pesquisas científicas deverão ser previamente autorizadas pelo órgão que administra a Unidade de Conservação (art. 9º, § 3º, SNUC).
Reserva Biológica	Objetiva a preservação integral da biota e demais atributos naturais existentes em seus limites, sem interferência humana direta ou modificações ambientais, excetuando-se as medidas de recuperação de seus ecossistemas alterados e as ações de manejo necessárias para recuperar e preservar o equilíbrio natural, a diversidade biológica e os processos ecológicos naturais (art. 10, *caput*, SNUC). Assim como as Estações Ecológicas, é constituída por áreas de posse e domínio públicos, devendo haver desapropriação das áreas particulares (art. 10º, § 1º, SNUC). As determinações quanto à visitação pública e pesquisa científica são idênticas às das Estações Ecológicas (art. 10, §§ 2º e 3º, SNUC).

Parque Nacional	Objetiva a preservação de ecossistemas naturais de grande relevância ecológica e beleza cênica, possibilitando a realização de pesquisas científicas e o desenvolvimento de atividades de educação e interpretação ambiental, de recreação em contato com a natureza e de turismo ecológico (art. 11, *caput*, SNUC). As suas áreas também são de posse e domínio públicos, sendo que as áreas particulares incluídas em seus limites serão desapropriadas (art. 11, § 1º, SNUC). As visitações públicas não são proibidas, mas devem seguir os ditames do Plano de Manejo e das normas do órgão responsável pela sua administração (art. 11, § 2º, SNUC). Quanto às pesquisas científicas, essas dependerão de autorização prévia do órgão responsável pela sua administração, sujeita às restrições e condições estabelecidas (art. 11, § 3º, SNUC).
Monumento Natural	Objetiva preservar sítios naturais raros, singulares ou de grande beleza cênica (art. 12, *caput*, SNUC), podendo ser constituído por áreas particulares, desde que seja possível compatibilizar os objetivos da unidade com a utilização da terra e dos recursos naturais do local pelos proprietários (art. 12, § 1º, SNUC). No caso de haver incompatibilidade entre os objetivos da área e as atividades privadas ou não havendo aquiescência do proprietário às condições propostas pelo órgão responsável pela administração da unidade para a coexistência do Monumento Natural com o uso da propriedade, a área deve ser desapropriada (art. 12, § 2º, SNUC).
Refúgio da Vida Silvestre	Objetiva proteger ambientes naturais onde se asseguram condições para a existência ou reprodução de espécies ou comunidades da flora local e da fauna residente ou migratória (art. 13, *caput*, SNUC). A sua área pode ser constituída por áreas particulares, desde que seja possível compatibilizar os objetivos da unidade com a utilização da terra e dos recursos naturais do local pelos proprietários (art. 13, § 1º, SNUC). Havendo incompatibilidade entre os objetivos da área e as atividades privadas ou não havendo aquiescência do proprietário às condições propostas pelo órgão responsável pela administração da unidade para a coexistência do Refúgio de Vida Silvestre com o uso da propriedade, a área deve ser desapropriada (art. 13, § 2º, SNUC).

As Unidades de Conservação que constituem o Grupo de Uso Sustentável são (art. 14, incisos I a VII): Área de Proteção Ambiental, Área de Relevante Interesse Ecológico, Floresta Nacional, Reserva Extrativista, Reserva de Fauna, Reserva de Desenvolvimento Sustentável, e Reserva Particular do Patrimônio Natural.

Tipo de Unidade de Conservação	Características
Área de Proteção Ambiental	Caracterizada como sendo uma *"área em geral extensa, com um certo grau de ocupação humana, dotada de atributos abióticos, bióticos, estéticos ou culturais especialmente importantes para a qualidade de vida e o bem-estar das populações humanas, e tem como objetivos básicos proteger a diversidade biológica, disciplinar o processo de ocupação e assegurar a sustentabilidade do uso dos recursos naturais"*, sendo, pois, composta por terras públicas e privadas (art. 15, *caput* e § 1º, SNUC). A sua área é constituída por terras públicas ou privadas, com possibilidade de restrição do uso da propriedade privada na área (art. 15, §§ 1º e 2º, SNUC). Tanto a visitação pública quanto a pesquisa científica deverão obedecer às condições estabelecidas pelo órgão gestor da Unidade de Conservação (art. 15, § 4º, SNUC).
Área de Relevante Interesse Ecológico	É *"uma área em geral de pequena extensão, com pouca ou nenhuma ocupação humana, com características naturais extraordinárias ou que abriga exemplares raros da biota regional, e tem como objetivo manter os ecossistemas naturais de importância regional ou local e regular o uso admissível dessas áreas, de modo a compatibilizá-lo com os objetivos de conservação da natureza"* (art. 16, *caput*, SNUC). É constituída por terras públicas ou privadas, podendo ter restrição de uso da propriedade privada (art. 16, §§ 1º e 2º, SNUC).

Floresta Nacional	É "*uma área com cobertura florestal de espécies predominantemente nativas e tem como objetivo básico o uso múltiplo sustentável dos recursos florestais e a pesquisa científica, com ênfase em métodos para exploração sustentável de florestas nativas*" (art. 17, *caput*, SNUC). A sua área é de posse e domínio públicos, sendo que as áreas particulares incluídas em seus limites devem ser desapropriadas (art. 17, § 1º, SNUC). Em sua área é admitida a permanência de populações tradicionais que a habitam quando de sua criação, em conformidade com o disposto em regulamento e no Plano de Manejo da unidade (art. 17, § 2º, SNUC). A visitação pública e pesquisa científica são permitidas, sendo a primeira sujeita ao regramento de manejo da Unidade de Conservação e a segunda dependente de autorização pelo órgão responsável pela administração da Unidade de Conservação (art. 17, §§ 3º e 4º, SNUC).
Reserva Extrativista	É "*uma área utilizada por populações extrativistas tradicionais, cuja subsistência baseia-se no extrativismo e, complementarmente, na agricultura de subsistência e na criação de animais de pequeno porte, e tem como objetivos básicos proteger os meios de vida e a cultura dessas populações, e assegurar o uso sustentável dos recursos naturais*" (art. 18, *caput*, SNUC). A sua área é de domínio público com uso concedido às populações extrativistas tradicionais, devendo as propriedades particulares ser desapropriadas (art. 18, § 1º, SNUC). São permitidas visitações públicas e pesquisas científicas, desde que de acordo com o Plano de Manejo e com prévia autorização do órgão responsável pela administração da Unidade de Conservação (art. 18, §§ 3º e 4º, SNUC). São proibidas a exploração de recursos minerais e a caça amadorística ou profissional, sendo admitida somente exploração comercial de madeira em bases sustentáveis e em situações especiais e complementares às demais atividades desenvolvidas na Reserva Extrativista, em concordância com regramentos e Plano de Manejo (art. 18, § 7º, SNUC). A posse e uso da área será regulado por contrato (art. 23, *caput*, SNUC).

Reserva de Fauna	É *"uma área natural com populações animais de espécies nativas, terrestres ou aquáticas, residentes ou migratórias, adequadas para estudos técnico--científicos sobre o manejo econômico sustentável de recursos faunísticos"* (art. 19, *caput*, SNUC). A sua área é de posse e domínio público, sendo que as áreas particulares devem ser desapropriadas (art. 19, § 1º, SNUC). Pode ser permitida a visitação pública que esteja em compatibilidade com o manejo da UC e de acordo com normas estabelecidas pelo órgão ambiental que a administra (art. 19, § 2º, SNUC), sendo proibida a caça, seja de forma amadora ou profissional (art. 19, § 3º, SNUC). Produtos e subprodutos resultantes das pesquisas poderão ser comercializados desde que atendam à legislação de fauna e regulamentos (art. 19, § 4º, SNUC).

Reserva de Desenvolvimento Sustentável	É *"uma área natural que abriga populações tradicionais, cuja existência baseia-se em sistemas sustentáveis de exploração dos recursos naturais, desenvolvidos ao longo de gerações e adaptados às condições ecológicas locais e que desempenham um papel fundamental na proteção da natureza e na manutenção da diversidade biológica"* (art. 20, *caput*, SNUC). Tem como *"objetivo básico preservar a natureza e, ao mesmo tempo, assegurar as condições e os meios necessários para a reprodução e a melhoria dos modos e da qualidade de vida e exploração dos recursos naturais das populações tradicionais, bem como valorizar, conservar e aperfeiçoar o conhecimento e as técnicas de manejo do ambiente, desenvolvido por estas populações"* (art. 20, § 1º, SNUC). Sua área é de domínio público, devendo ser desapropriadas, quando necessário, as áreas particulares, permitido o uso das áreas ocupadas por populações tradicionais (art. 20, §§ 2º e 3º, SNUC). São permitidas as visitações públicas (desde que em compatibilidade com interesses locais e de acordo com o Plano de Manejo) e a pesquisa científica, mediante autorização do órgão ambiental que administra a UC e demais condições, restrições e normas estabelecidas, visando à conservação da natureza, à melhor relação das populações residentes com seu meio e à educação ambiental (art. 20, § 5º, incisos I e II, SNUC). Ainda, o equilíbrio dinâmico entre o tamanho da população e a conservação deve ser considerada (art. 20, § 5º, inciso III, SNUC). Poderá haver também a exploração de componentes dos ecossistemas locais desde que mediante manejo sustentável, bem como a substituição da vegetação por espécies cultiváveis, desde que atendidos os requisitos da norma (art. 20, § 5º, inciso IV, SNUC). A posse e uso da área será regulado por contrato (art. 23, *caput*, SNUC).

Reserva Particular do Patrimônio Natural	É uma *"área privada, gravada com perpetuidade, com o objetivo de conservar a diversidade biológica"* (art. 21, *caput*, SNUC). Essa perpetuidade será formalizada via termo de compromisso assinado com o órgão ambiental e será averbado na matrícula do imóvel (art. 21, § 1º, SNUC). São permitidas na área a pesquisa científica e a visitação com objetivos turísticos, recreativos e educacionais (art. 21, § 2º, incisos I e II, SNUC).

O Decreto Federal 4.340/2002, que regulamentou o SNUC, trouxe a figura da Reserva da Biosfera, entendida como *"um modelo de gestão integrada, participativa e sustentável dos recursos naturais, que tem por objetivos básicos a preservação da biodiversidade e o desenvolvimento das atividades de pesquisa científica, para aprofundar o conhecimento dessa diversidade biológica, o monitoramento ambiental, a educação ambiental, o desenvolvimento sustentável e a melhoria da qualidade de vida das populações"* (art. 41, *caput*). O gerenciamento da Reserva da Biosfera será coordenado pela Comissão Brasileira para o Programa "O Homem e a Biosfera" – COBRAMAB (art. 42). No caso da área da Reserva abranger apenas um Estado, a gestão será realizada por um conselho deliberativo e comitês regionais, sendo que no caso de abranger mais de um Estado haverá, além do conselho deliberativo, comitês estaduais (art. 43, §§ 1º e 2º).

Sobre a Reserva da Biosfera, cabe apontar precedente do Tribunal Regional Federal da 3ª Região:

Trecho do voto da relatora

"EMENTA CONSTITUCIONAL. DIREITO AMBIENTAL. AÇÃO CIVIL PÚBLICA. RODOANEL MÁRIO COVAS (TRECHOS NORTE, SUL E LESTE). IMPACTO NO MEIO AMBIENTE. ÂMBITO NACIONAL E REGIONAL. LICENCIAMENTO AMBIENTAL COMPLEXO. PROCEDIMENTO ÚNICO. EFETIVA INTEGRAÇÃO E PARTICIPAÇÃO DAS ESFERAS FEDERAL, ESTADUAL E MUNICIPAL. VIABILIDADE. MENOR DISPÊNDIO DE TEMPO E MENORES CUSTOS. PROPOSTA DE CONCILIAÇÃO. AQUIESCÊNCIA DAS PARTES. PRESERVAÇÃO DO SISTEMA CONSTITUCIONAL DE COMPETÊNCIAS, DA ESTRUTURA FEDERATIVA E DA PROTEÇÃO AMBIENTAL NO INTERESSE DA

> *COLETIVIDADE. HOMOLOGAÇÃO. EXTINÇÃO DO PROCESSO COM JULGAMENTO DO MÉRITO. (...)*
>
> *É o que se pode constatar pela análise da proposta conciliatória apresentada pelo IBAMA e Estado de São Paulo, observados os termos aditivos indicados pelo Ministério Público Federal, cujo teor foi objeto de expressa concordância pelas partes envolvidas, e que se encontra em conformidade com a bem elaborada sentença da lavra do eminente Juiz Federal João Batista Gonçalves, e tem como premissas essenciais:*
>
> *1) tópico "a" - o processo de licenciamento da obra referente ao Rodoanel - Trechos Norte, Sul e Leste será efetuado junto ao órgão seccional do SISNAMA (Secretaria do Meio Ambiente do Estado de São Paulo), em nível único de competência.*
>
> *2) tópico "b" -* **o IBAMA irá acompanhar e participar do processo de licenciamento ambiental único, analisando e manifestando-se de forma vinculativa, no bojo do procedimento, quanto aos aspectos de avaliação de impactos ambientais diretamente relacionados aos seguintes temas: Reserva da Biosfera do Cinturão Verde da Cidade de São Paulo**, *Ecossistema Mata Atlântica e Áreas Indígenas Barragem-Krukutu. (...)"*
>
> *(TRF 3, Apelação 0025724-15.2003.4.03.6100, Relatora Desembargadora Consuelo Yoshida, Sexta Turma, julgado em 09/03/2005 - Destacamos)*

Importante apontar que, via de regra, as unidades de conservação necessitam de uma zona de amortecimento, que é "*o entorno de uma unidade de conservação, onde as atividades humanas estão sujeitas a normas e restrições específicas, com o propósito de minimizar os impactos negativos sobre a unidade*" (art. 2º, XVIII, SNUC). Contudo, tal regra não se aplica às APAs e RPPNs, que não necessitam de zona de amortecimento (art. 25, SNUC).

Ainda, quando do licenciamento ambiental de empreendimentos considerados pelo órgão ambiental competente de significativo impacto ambiental, o empreendedor é obrigado a apoiar a implantação e manutenção de unidade de conservação do Grupo de Proteção Integral (art. 36, *caput*, SNUC). Consta na Lei que "*montante de recursos a ser destinado* pelo empreendedor para esta finalidade não pode ser inferior a meio por cento dos custos totais previstos para a implantação do empreendimento, sendo o percentual fixado pelo órgão ambiental licenciador, de acordo com o grau de impacto ambiental causado pelo empreendimento" (art. 36, § 1º, SNUC). Sobre o tema, destaca-se precedente do STF:

> "EMENTA: AÇÃO DIRETA DE INCONSTITUCIONALIDADE. ART. 36 E SEUS §§ 1º, 2º E 3º DA LEI 9.985, DE 18 DE JULHO DE 2000. CONSTITUCIONALIDADE DA COMPENSAÇÃO DEVIDA PELA IMPLANTAÇÃO DE EMPREENDIMENTOS DE SIGNIFICATIVO IMPACTO AMBIENTAL. INCONSTITUCIONALIDADE PARCIAL DO § 1º DO ART. 36.
>
> 1. O compartilhamento-compensação ambiental de que trata o artigo 36 da Lei 9.985/2000 não ofende o princípio da legalidade, dado haver sido a própria lei que previu o modo de financiamento dos gastos com as unidades de conservação da natureza. De igual forma, não há violação ao princípio da separação dos Poderes, por não se tratar de delegação do Poder Legislativo para o Executivo impor deveres aos administrados.
>
> 2. Compete ao órgão licenciador fixar o quantum da compensação, de acordo com a compostura do impacto ambiental a ser dimensionado no relatório – EIA/RIMA.
>
> 3. O artigo 36 da Lei 9.985/2000 densifica o princípio usuário-pagador, este a significar um mecanismo de assunção partilhada da responsabilidade social pelos custos ambientais derivados da atividade econômica.
>
> 4. Inexistente desrespeito ao postulado da razoabilidade. Compensação ambiental que se revela como instrumento adequado à defesa e preservação do meio ambiente para as presentes e futuras gerações, não havendo outro meio eficaz para atingir essa finalidade constitucional. Medida amplamente compensada pelos benefícios que sempre resultam de um meio ambiente ecologicamente garantido em sua higidez.
>
> 5. **Inconstitucionalidade da expressão "não pode ser inferior a meio por cento dos custos totais previstos para a implantação do empreendimento", no § 1º do artigo 36 da Lei 9.985/2000. O valor da compensação-compartilhamento é de ser fixado**

proporcionalmente ao impacto ambiental, após estudo em que se assegurem o contraditório e a ampla defesa. Prescindibilidade da fixação de percentual sobre os custos do empreendimento.

6. *Ação parcialmente procedente"*

(STF, ADI 3.378/DF, Relator Ministro Carlos Ayres Britto, julgado em 09/04/2008).

Após, sobreveio o Decreto Federal 6.848/2009 que incluiu no Decreto Federal 4.340/2002 (que regulamenta o SNUC) o artigo 31-A, o qual traz uma fórmula para valoração da compensação ambiental devida pelo empreendedor, estabelecendo que o "grau de impacto" do empreendimento poderá ser de 0% a 0,5%. Segundo Talden Farias e Pedro Ataíde (2021)[19], o *"piso mínimo de 0,5% se tornou, agora, o patamar máximo, o que pode comprometer a correspondência e a proporcionalidade entre a compensação e o significativo impacto no caso concreto, afrontando o inciso VI do artigo 170 da Carta Magna".*

Afora as discussões trazidas acima, também é relevante se apontar decisão judicial que determinou uma priorização na regionalização da aplicação dos recursos da compensação ambiental:

> "DECISÃO
>
> MINISTÉRIO PÚBLICO FEDERAL e ESTADO DO PARÁ movem a presente Ação Civil Pública contra o INSTITUTO BRASILEIRO DO MEIO AMBIENTE E DOS RECURSOS NATURAIS RENOVÁVEIS – IBAMA, o INSTITUTO CHICO MENDES DE CONSERVAÇÃO DA BIODIVERSIDADE – ICMBio e o CONSÓRCIO NORTE ENERGIA S.A., objetivando, liminarmente, a suspensão da destinação das verbas da compensação ambiental da UHE Belo Monte, na parcela destinada ao Parque Nacional da Juruena, determinando-se à concessionária Norte Energia o depósito em juízo do recurso no valor R$92.000.000,00, a fim de garantir a utilidade do processo.
>
> (...)
>
> **Apontam a desproporcionalidade da aplicação de 72,83% do total do recurso definido para pagamento de compensação a uma única unidade**

---

[19] https://www.conjur.com.br/2021-fev-14/ambiente-juridico-compensacao-ambiental-artigo--36-snuc - Acessado em 17/08/2022.

de conservação localizada no estado do Mato Grosso, a uma distância linear de 814 km do local do impacto direto.

(...)

Ante o exposto, DEFIRO A MEDIDA LIMINAR, com fundamento no artigo 300, caput, do CPC, para determinar:

(...)

c. A elaboração de novo Plano de Destinação dos Recursos de Compensação da UHE Belo Monte, para o montante de R$109.185.600,00 (cento e nove milhões, cento e oitenta e cinco mil e seiscentos reais), no prazo de 180 dias, **o qual deverá, em respeito às normas legais aplicáveis e ao princípio da razoabilidade, priorizar a região impactada pela UHE Belo Monte e a bacia hidrográfica do Rio Xingu."**

(JFPA – Subseção Judiciária de Altamira, Processo nº 466-95.2016.4.01.3903, Juíza Federal Maria Carolina Valente do Carmo, decisão proferida em 06/04/2016 – Destacamos)

Os procedimentos administrativos para a celebração de termo de compromisso para cumprimento das obrigações relacionadas à compensação ambiental estão regulamentados pela Instrução Normativa ICMBio 07/2020, sendo estabelecido que o ICMBio realizará o acompanhamento e execução dos recursos de compensação ambiental (art. 23, § 2º).

Cabe ressaltar ainda que quando o empreendimento afetar unidade de conservação específica ou sua zona de amortecimento, o licenciamento somente será concedido mediante autorização do órgão responsável por sua administração, e a unidade afetada, mesmo que não pertencente ao Grupo de Proteção Integral, deverá ser uma das beneficiárias da compensação (art. 36, § 3º, SNUC).

A Resolução CONAMA 428/2010, que dispõe, no âmbito do licenciamento ambiental, sobre a autorização do órgão responsável pela administração da Unidade de Conservação (UC), bem como sobre a ciência do órgão responsável pela administração da UC no caso de licenciamento ambiental de empreendimentos não sujeitos a EIA-RIMA, é estabelecido que no licenciamento de empreendimentos de significativo impacto ambiental que possam afetar Unidade de Conservação (UC) específica ou sua Zona de Amortecimento (ZA), assim considerados pelo órgão ambiental licenciador, só poderá ser concedido após autorização do órgão responsável pela administração da UC ou, no caso das Reservas Particulares de Patrimônio Natural (RPPN), pelo órgão responsável pela sua criação (art. 1º). Ainda, a autorização de que será solicitada pelo órgão ambiental licenciador ao órgão responsável pela administração da UC, antes da emissão da primeira licença prevista, o qual se manifestará conclusivamente após avaliação dos estudos ambientais exigidos dentro do procedimento de licenciamento ambiental, no prazo de até 60 dias, a partir do recebimento da solicitação (art. 2º, *caput*). O órgão ambiental licenciador deverá, antes de emitir os termos de referência do EIA/RIMA, consultar formalmente o órgão responsável pela administração da UC quanto à necessidade e ao conteúdo exigido de estudos específicos relativos aos impactos do empreendimento na UC e na respectiva ZA, o qual se manifestará no prazo máximo de 15 dias úteis, contados do recebimento da consulta (art. 2º, § 2º).

Temos ainda a Instrução Normativa 10/GABIN/ICMBIO 2020, que estabelece procedimentos do ICMBio nos processos de licenciamento ambiental, definindo a Autorização para o Licenciamento Ambiental (ALA) como o ato administrativo pelo qual o ICMBio autoriza o órgão ambiental competente a proceder ao licenciamento ambiental de atividades ou empreendimentos que afetem as unidades de conservação federais ou suas zonas de amortecimento (Art. 2º II).

7.1.1.1 QUESTÕES

Questão 1
[OAB – XXVIII Exame de Ordem Unificado] O Ministro do Meio Ambiente recomenda ao Presidente da República a criação de uma Unidade de Conservação em área que possui relevante ecossistema aquático e grande diversidade biológica. Porém, em razão da grave crise financeira, o Presidente pretende que a União não seja compelida a pagar indenização aos proprietários dos imóveis inseridos na área da Unidade de Conservação a ser criada. Considerando o caso, assinale a opção que indica a Unidade de Conservação que deverá ser criada.

A) Estação Ecológica.
B) Reserva Biológica.
C) Parque Nacional.
D) Área de Proteção Ambiental.

Questão 2
[OAB – XVII Exame de Ordem Unificado] Determinado Município, por intermédio de lei que contemplou questões como potencial construtivo, zoneamento de bairros e complexos esportivos, reduziu os limites de uma determinada Unidade de Conservação. Considerando o caso hipotético em tela, assinale a opção que se harmoniza com a legislação ambiental.

A) A lei municipal em questão será considerada válida e eficaz, pois a redução dos limites de uma Unidade de Conservação pode ser feita até mesmo por Decreto.
B) A redução de limites, assim como a desafetação de uma Unidade de Conservação, não demanda lei específica, exigindo apenas a necessária e prévia aprovação de Estudo de Impacto Ambiental e respectivo relatório (EIA-RIMA).
C) A redução operada pela lei, para produzir efeitos, dependerá da aprovação do Conselho Gestor da Unidade de Conservação impactada, garantindo-se a participação pública direta no referido procedimento de deliberação e aprovação.
D) A redução dos limites da Unidade de Conservação, conquanto possa evidenciar os efeitos concretos da lei, somente pode ser feita mediante lei específica, regra esta que também se aplica à desafetação.

Questão 3
[OAB – XIII Exame de Ordem Unificado] Bruno é proprietário de pousada que está em regular funcionamento há seis anos e explora o ecoturismo. Na área em que a pousada está localizada, o estado da federação pretende instituir estação ecológica com o objetivo de promover a proteção da flora e da fauna locais. A partir do caso apresentado, assinale a afirmativa correta.

A) Não é possível o estado instituir a estação ecológica, pois fere o princípio da segurança jurídica, tendo em vista que a pousada funcionava regularmente há mais de cinco anos.

B) É possível a instituição da estação ecológica pelo estado da federação, não impedindo o funcionamento da pousada, visto que Bruno tem direito adquirido ao exercício da atividade econômica.

C) É possível a instituição da estação ecológica com a cessação da atividade econômica da pousada, desde que o Poder Público Estadual indenize Bruno pelos prejuízos que a instituição da unidade de conservação causar à sua atividade.

D) É possível a instituição da estação ecológica com a cessação da atividade econômica da pousada, não cabendo ao Poder Público qualquer forma de indenização, tendo em vista a supremacia do interesse coletivo sobre os interesses individualmente considerados.

Questão 4
[OAB – VIII Exame de Ordem Unificado] Sobre a Reserva Particular do Patrimônio Natural (RPPN), assinale a afirmativa correta.

A) As RPPN's são unidades de conservação criadas em áreas de posse e domínios privados, gravadas com perpetuidade, e deverão ser averbadas, por intermédio de Termo de Compromisso, no Registro Público de Imóveis.

B) As RPPN's são unidades de conservação criadas em áreas de posse pública e domínio privado, e deverão ser averbadas, por intermédio de Termo de Compromisso, no Registro Público de Imóveis.

C) As RPPN's são unidades de conservação criadas em áreas de posse e domínios privados, deverão ser averbadas, por intermédio de Termo de Compromisso, no Registro Público de Imóveis. Porém, não serão perpétuas, em razão do direito fundamental à propriedade privada.

D) As RPPN's são unidades de conservação criadas em áreas de posse pública e domínio privado. Em razão do princípio da defesa do meio ambiente são instituídas automaticamente, sem necessidade de avaliação do órgão ambiental, bastando o interesse do proprietário privado e a averbação, por intermédio de Termo de Compromisso, no Registro Público de Imóveis.

Questão 5

[OAB – VII Exame de Ordem Unificado] O Prefeito do Município de Belas Veredas, após estudos técnicos e realização de audiência pública, decide pela criação de um parque, em uma área onde podem ser encontrados exemplares exuberantes de Mata Atlântica. Assim, edita decreto que fixa os limites do novo parque municipal. Passados dois anos, recebe pedidos para que o parque seja reavaliado e transformado em uma Área de Relevante Interesse Ecológico, com uma pequena redução de seus limites. Tendo em vista a situação descrita, assinale a alternativa correta.

A) Em razão do princípio da simetria das formas no direito ambiental, a Unidade de Conservação criada por ato do Poder Executivo poderá ser reavaliada e ter seus limites reduzidos também por decreto.

B) Como a Mata Atlântica é considerada patrimônio nacional, por força do art. 225, § 4º, da CRFB, apenas a União possui competência para a criação de unidades de conservação que incluam tal bioma em seus limites.

C) A criação do parque é constitucional e legal, mas, como a área está definida como Unidade de Conservação de Proteção Integral, a alteração para Área de Relevante Interesse Ecológico, que é de Unidade de Conservação de Uso Sustentável, com redução de limites, só pode ser feita por lei.

D) A reavaliação poderá ser feita por decreto, uma vez que a Área de Relevante Interesse Ecológico também é uma Unidade de Conservação do grupo de proteção integral.

Questão 6

[OAB – VI Exame de Ordem Unificado] A Lei 9.985/2000 instituiu a compensação ambiental, posteriormente julgada pelo Supremo Tribunal Federal. A respeito do tema, é correto afirmar que

A) a compensação ambiental será concretizada, pelo empreendedor, pelo plantio de mudas de espécies nativas no entorno de unidades de conservação, visando reduzir os impactos ambientais dos empreendimentos potencialmente poluidores, especialmente aqueles que emitem gases causadores do efeito estufa.

B) a compensação ambiental é exigida nos processos de licenciamento ambiental de empreendimentos potencialmente causadores de impactos significativos no meio ambiente, e será exigida em espécie, apurando-se o seu valor de acordo o grau de impacto causado, sendo os recursos destinados a uma unidade de conservação do grupo de proteção integral.

C) a compensação ambiental é exigida nos processos de licenciamento ambiental de empreendimentos potencialmente causadores de impactos significativos no meio ambiente, e será exigida em espécie, apurando-se o seu valor de acordo com o grau de impacto causado, sendo os recursos destinados a uma unidade de conservação à escolha do empreendedor, em razão do princípio da livre iniciativa.

D) a compensação ambiental foi considerada inconstitucional, por violar frontalmente o princípio do poluidor-pagador, uma vez que permitia ao empreendedor compensar os possíveis danos ambientais de seu empreendimento por meio de um pagamento, em espécie, destinado a uma unidade de conservação do grupo de proteção integral. Logo, não pode mais ser exigida ou mesmo oferecida pelo órgão ambiental competente.

Questão 7
[OAB – Exame de Ordem Unificado 2010.3] A Lei 9.985/2001, que instituiu o Sistema Nacional de Unidades de Conservação – SNUC, previu que as unidades de conservação devem dispor de uma zona de amortecimento definida no plano de manejo. A esse respeito, assinale a alternativa correta.

A) Os parques, como unidades de conservação de uso sustentado, não têm zona de amortecimento.

B) As Áreas de Proteção Ambiental – APAs não precisam demarcar sua zona de amortecimento.

C) Tanto as unidades de conservação de proteção integral como as de uso sustentado devem elaborar plano de manejo, delimitando suas zonas de amortecimento.

D) As Reservas Particulares do Patrimônio Natural – RPPN são obrigadas a elaborar plano de manejo delimitando suas zonas de amortecimento, por conta própria e orientação técnica particular.

7.1.1.2 GABARITO

Questão 1 – Alternativa D
Questão 2 – Alternativa D
Questão 3 – Alternativa C
Questão 4 – Alternativa A
Questão 5 – Alternativa C
Questão 6 – Alternativa B
Questão 7 – Alternativa B

7.1.2 LEI DE PROTEÇÃO À FAUNA

Consta na Constituição Federal ser competência comum da União, Estados, Distrito Federal e Municípios preservar florestas, fauna e flora (art. 23, inciso VII). Ainda, estabelece ser incumbência do Poder Público a proteção da fauna (art. 225, § 1º, inciso VII).

Há no nosso sistema jurídico a Lei Federal 5.197/1967, que dispõe sobre a proteção à fauna. A norma proíbe a utilização, perseguição, destruição, caça ou apanha de quaisquer animais que vivem fora do cativeiro, constituindo fauna silvestre, abrangendo tal protetividade aos ninhos, abrigos e criadouros naturais, sendo, pois, propriedade do Estado (art. 1º, *caput*). É vedada a caça profissional, bem como o comércio de espécimes da fauna silvestre e de produtos e objetos que impliquem na sua caça, perseguição, destruição ou apanha, salvo se os espécimes legalizados, sendo permitida a apanha de ovos, larvas e filhotes mediante licença da autoridade competente, bem como o que chamam de "destruição de animais silvestres" que sejam considerados nocivos à agricultura ou à saúde pública (art. 2º e art. 3º, § 2º). Sobre esse tema, importante destacar a Instrução Normativa IBAMA 03/2013, a qual declarou a nocividade da espécie exótica javali-europeu (*sus scrofa*) e autorizou o seu controle populacional, englobando abate, captura e marcação de espécimes, sendo que as pessoas que forem realizar tal controle deverão se cadastrar e encaminhar a programação das atividades no Sistema Integrado de Manejo de Fauna (SIMAF).

Destaca-se que a Lei Federal 5.197/1967 a proibição de utilização, perseguição, destruição, caça ou apanha de espécimes da fauna silvestre comporta exceções para fins de captura e manutenção em cativeiro desses espécimes, devendo o órgão público federal atualizar anualmente (art. 8º e 9º):

- a relação das espécies cuja utilização, perseguição, caça ou apanha será permitida indicando e delimitando as respectivas áreas;
- a época e o número de dias em que o ato acima será permitido;
- a quota diária de exemplares cuja utilização, perseguição, caça ou apanha será permitida.

Ainda, é permitida a organização de clubes ou sociedades amadoristas de caça e de tiro ao voo (art. 11), devendo ser expedido por autoridade competente uma licença anual para o exercício da caça (art. 13, *caput*). Há a obrigatoriedade de pagamento de taxa anual equivalente a um décimo do salário-mínimo mensal para concessão da licença a caçadores, sendo que para turistas o valor da taxa é de um salário-mínimo mensal (art. 20, *caput* e § 1º). Já os clubes ou sociedades amadoristas deverão pagar uma taxa equivalente a meio salário-mínimo mensal (art. 22, *caput*). Também pode ser concedida licença especial a cientistas para coleta de material destinado a fins científicos em qualquer época e desde que pertencentes a instituições científicas oficiais ou oficializadas, ou por estas indicadas (art. 14, *caput*).

Importante fato histórico relacionado à fauna e sua caça foi o episódio conhecido como "*Passarinhada do Embu*", ocorrido no estado de São Paulo e que teve como fato primordial a matança de mais de 2 mil pássaros para a realização e churrasco de confraternização política. Houve demanda no Judiciário que findou na condenação do réu, conforme ementa[20]:

> "*Passarinhada – Danos ao meio ambiente causados em 'churrasco de confraternização' no município de Embu – Captura e matança indevida de aproximadamente 5.000 aves da fauna nacional, incluindo rolinhas, sabiás e tico-ticos, assados em espetos – Ação de Responsabilidade Civil ajuizada pelo Ministério Público – Comprovação efetiva do dano ecológico, que causou o extermínio dos pássaros – Réu condenado a indenizar o Estado*"
> (*Apelação Cível nº 70.391-1, 5ª Câmara do Tribunal de Justiça do Estado de São Paulo, Relator Márcio Bonilha, julgado em 25/06/1986*).

---

[20] https://www.revista-pub.org/post/na-04 - Acessado em 17/08/2022.

8 - RECURSOS HÍDRICOS

A Constituição Federal estabelece que é incumbência do Poder Público preservar e restaurar os processos ecológicos essenciais e prover o manejo ecológico das espécies e ecossistemas (art. 22, § 1º, inciso I), bem como controlar a produção, a comercialização e o emprego de técnicas, métodos e substâncias que comportem risco para a vida, a qualidade de vida e o meio ambiente (art. 225, § 1º, inciso V). Ainda, é de competência privativa da União legislar sobre águas (art. 22, inciso IV), sendo incluídas como bens dos Estados as águas superficiais ou subterrâneas, fluentes, emergentes e em depósito, ressalvadas as decorrentes de obras da União (art. 26, inciso I).

A Lei Federal 6.938/1981 (Política Nacional do Meio Ambiente) traz dentre os seus princípios (art. 2º, incisos II, III, IV, V, IX): (i) a racionalização do uso do solo, do subsolo, da água e do ar; (ii) planejamento e fiscalização do uso dos recursos ambientais; (iii) proteção dos ecossistemas, com a preservação de áreas representativas; (iv) controle e zoneamento das atividades potencial ou efetivamente poluidoras; (v) proteção de áreas ameaçadas de degradação. Entende-se como recursos ambientais a atmosfera, as águas interiores, superficiais e subterrâneas, os estuários, o mar territorial, o solo, o subsolo, os elementos da biosfera, a fauna e a flora (art. 3º, inciso V). Ainda, a PNMA visará, dentre outros objetivos (art. 4º, incisos III e VI): (i) ao estabelecimento de critérios e padrões de qualidade ambiental e de normas relativas ao uso e manejo de recursos ambientais; (ii) à preservação e restauração dos recursos ambientais com vistas à sua utilização racional e disponibilidade permanente, concorrendo para a manutenção do equilíbrio ecológico propício à vida. Destaca-se a competência do CONAMA para estabelecer normas, critérios e padrões relativos ao controle e à manutenção da qualidade do meio ambiente com vistas ao uso racional dos recursos ambientais, principalmente os hídricos (art. 8º, inciso VII).

Os recursos hídricos são disciplinados na esfera federal pela Lei Federal 9.433/1997, que institui a Política Nacional de Recursos Hídricos e cria o Sistema Nacional de Gerenciamento de Recursos Hídricos, tendo por objetivos (art. 2º, incisos de I a IV):
- assegurar à atual e às futuras gerações a necessária disponibilidade de água, em padrões de qualidade adequados aos respectivos usos;

- a utilização racional e integrada dos recursos hídricos, incluindo o transporte aquaviário, com vistas ao desenvolvimento sustentável;
- a prevenção e a defesa contra eventos hidrológicos críticos de origem natural ou decorrentes do uso inadequado dos recursos naturais.
- incentivar e promover a captação, a preservação e o aproveitamento de águas pluviais.

Assim, foi estabelecido o regime de outorga de direitos de uso de recursos hídricos com objetivos de assegurar o controle quantitativo e qualitativo dos usos da água e o efetivo exercício dos direitos de acesso à água (art. 11), abrangendo desde a extração, lançamento até outros usos que alterem o regime, quantidade e qualidade da água (art. 12).

A outorga poderá ter prazo de vigência de até 35 (trinta e cinco) anos, sendo renovável e podendo ser suspensa parcial ou totalmente por:

- não cumprimento pelo outorgado dos termos da outorga;
- ausência de uso por três anos consecutivos;
- necessidade premente de água para atender a situações de calamidade, inclusive as decorrentes de condições climáticas adversas;
- necessidade de se prevenir ou reverter grave degradação ambiental;
- necessidade de se atender a usos prioritários, de interesse coletivo, para os quais não se disponha de fontes alternativas;
- necessidade de serem mantidas as características de navegabilidade do corpo de água.
- Segundo a Lei, são infrações à utilização de recursos hídricos:
- derivar ou utilizar recursos hídricos para qualquer finalidade, sem a respectiva outorga de direito de uso;
- iniciar a implantação ou implantar empreendimento relacionado com a derivação ou a utilização de recursos hídricos, superficiais ou subterrâneos, que implique alterações no regime, quantidade ou qualidade dos mesmos, sem autorização dos órgãos ou entidades competentes;
- utilizar-se dos recursos hídricos ou executar obras ou serviços relacionados com os mesmos em desacordo com as condições estabelecidas na outorga;
- perfurar poços para extração de água subterrânea ou operá-los sem a devida autorização;
- fraudar as medições dos volumes de água utilizados ou declarar valores diferentes dos medidos;

- infringir normas estabelecidas no regulamento desta Lei e nos regulamentos administrativos, compreendendo instruções e procedimentos fixados pelos órgãos ou entidades competentes;
- obstar ou dificultar a ação fiscalizadora das autoridades competentes no exercício de suas funções.

Outra norma federal de referência na temática é a Resolução CONAMA 357/2005, que dispõe sobre a classificação dos corpos de água e diretrizes ambientais para o seu enquadramento, bem como estabelece as condições e padrões de lançamento de efluentes. É estabelecido que os padrões de qualidade das águas estabelecem limites individuais para cada substância em cada classe, sendo que eventuais interações entre substâncias, especificadas ou não nesta Resolução não poderão conferir às águas características capazes de causar efeitos letais ou alteração de comportamento, reprodução ou fisiologia da vida, bem como de restringir os usos preponderantes previstos (art. 7º, *caput* e § único).

Ainda, estabelece-se que os valores máximos estabelecidos para os parâmetros relacionados em cada uma das classes de enquadramento deverão ser obedecidos nas condições de vazão de referência, englobando limites de Demanda Bioquímica de Oxigênio (DBO), parâmetros relativos às formas químicas de nitrogênio e fósforo (art. 10, *caput* e §§ 1º a 3º). Além disso, determina-se também condições e padrões para águas doces das classes 1, 2, 3 e 4 (art. 14 e seguintes).

É importante notar que o enquadramento dos corpos de água dar-se-á de acordo com as normas e procedimentos definidos pelo Conselho Nacional de Recursos Hídricos-CNRH e Conselhos Estaduais de Recursos Hídricos, sendo definido pelos usos preponderantes mais restritivos da água, atuais ou pretendidos (art. 38, *caput* e § 1º).

Outro ponto relevante é que as ações de gestão referentes ao uso dos recursos hídricos, tais como a outorga e cobrança pelo uso da água, ou referentes à gestão ambiental, como o licenciamento, termos de ajustamento de conduta e o controle da poluição, deverão basear-se nas metas progressivas intermediárias e final aprovadas pelo órgão competente para a respectiva bacia hidrográfica ou corpo hídrico específico (art. 38, § 3º).

A Resolução CONAMA 357/2005 foi alterada e complementada pela Resolução CONAMA 430/2011. Estabelece que os efluentes de qualquer fonte poluidora somente poderão ser lançados diretamente nos corpos receptores após o devido tratamento e desde que obedeçam às condições, padrões e exigências dispostos nesta Resolução e em outras normas aplicáveis (art. 3º, *caput*), sendo que o órgão ambiental competente poderá, a qualquer momento, mediante fundamentação técnica: (i) acrescentar outras condições e padrões para o lançamento de efluentes, ou torná-los mais restritivos, tendo em vista as condições do corpo receptor; ou (ii) exigir tecnologia ambientalmente adequada e economicamente viável para o tratamento dos efluentes, compatível com as condições do respectivo corpo receptor. Excepcionalmente e em caráter temporário, o órgão ambiental competente poderá, mediante análise técnica fundamentada, autorizar o lançamento de efluentes em desacordo com as condições e padrões estabelecidos, desde que observados os seguintes requisitos (art. 6º, *caput* e incisos I a VI):

- comprovação de relevante interesse público, devidamente motivado;
- atendimento ao enquadramento do corpo receptor e às metas intermediárias e finais, progressivas e obrigatórias;
- realização de estudo ambiental tecnicamente adequado, às expensas do empreendedor responsável pelo lançamento;
- estabelecimento de tratamento e exigências para este lançamento;
- fixação de prazo máximo para o lançamento, prorrogável a critério do órgão ambiental competente, enquanto durar a situação que justificou a excepcionalidade aos limites estabelecidos nesta norma; e
- estabelecimento de medidas que visem neutralizar os eventuais efeitos do lançamento excepcional.

O órgão ambiental competente deverá, por meio de norma específica ou no licenciamento da atividade ou empreendimento, estabelecer a carga poluidora máxima para o lançamento de substâncias passíveis de estarem presentes ou serem formadas nos processos produtivos, de modo a não comprometer as metas progressivas obrigatórias, intermediárias e final, estabelecidas para enquadramento do corpo receptor (art. 7º, *caput*). Pode, ainda, exigir, nos processos de licenciamento ou de sua renovação, a apresentação de estudo de capacidade de suporte do corpo receptor (art. 7º, § 1º).

É vedado:

- nos efluentes, o lançamento dos Poluentes Orgânicos Persistentes – POPs (art. 8º, *caput*);
- no controle das condições de lançamento para fins de diluição antes do seu lançamento, a mistura de efluentes com águas de melhor qualidade, tais como as águas de abastecimento, do mar e de sistemas abertos de refrigeração sem recirculação (art. 9º).

Nas águas de classe especial, o lançamento de efluentes ou disposição de resíduos domésticos, agropecuários, de aquicultura, industriais e de quaisquer outras fontes poluentes, mesmo que tratados (art. 11).

8.1 QUESTÕES

Questão 1

A União edita o Decreto nº 123, que fixa as regras pelas quais serão outorgados direitos de uso dos recursos hídricos existentes em seu território, garantindo que seja assegurado o controle quantitativo e qualitativo dos usos da água. Determinada sociedade empresária, especializada nos serviços de saneamento básico, interessada na outorga dos recursos hídricos, consulta seu advogado para analisar a possibilidade de assumir a prestação do serviço. Desse modo, de acordo com a Lei da Política Nacional de Recursos Hídricos, assinale a opção que indica o uso de recursos hídricos que pode ser objeto da referida outorga pela União.

A) O lançamento de esgotos em corpo de água que separe dois Estados da Federação, com o fim de sua diluição.

B) A captação da água de um lago localizado em terreno municipal.

C) A extração da água de um rio que banhe apenas um Estado.

D) O uso de recursos hídricos para a satisfação das necessidades de pequenos núcleos populacionais, distribuídos pelo meio rural.

8.2 GABARITO

Questão 1 – Alternativa A

9 - RESÍDUOS SÓLIDOS

Em relação aos resíduos sólidos, tem-se a Lei Federal 12.305/2010, que institui a Política Nacional de Resíduos Sólidos (PNRS), dispondo sobre seus princípios, objetivos e instrumentos, bem como sobre as diretrizes relativas à gestão integrada e ao gerenciamento de resíduos sólidos, incluídos os perigosos, às responsabilidades dos geradores e do poder público e aos instrumentos econômicos aplicáveis. Estão sujeitas à observância desta Lei as pessoas físicas ou jurídicas, de direito público ou privado, responsáveis, direta ou indiretamente, pela geração de resíduos sólidos e as que desenvolvam ações relacionadas à gestão integrada ou ao gerenciamento de resíduos sólidos (art. 1º, § 1º). Aplicam-se aos resíduos sólidos as normas estabelecidas pelos órgãos do Sistema Nacional do Meio Ambiente – Sisnama, do Sistema Nacional de Vigilância Sanitária – SNVS, do Sistema Unificado de Atenção à Sanidade Agropecuária – Suasa – e do Sistema Nacional de Metrologia, Normalização e Qualidade Industrial – Sinmetro (art. 2º).

É trazido, também, conceitos relevantes para a temática, como:

- **Geradores de resíduos sólidos** (art. 3º, inciso IX): pessoas físicas ou jurídicas, de direito público ou privado, que geram resíduos sólidos por meio de suas atividades, nelas incluído o consumo.
- **Gerenciamento de resíduos sólidos** (art. 3º, inciso X): conjunto de ações exercidas, direta ou indiretamente, nas etapas de coleta, transporte, transbordo, tratamento e destinação final ambientalmente adequada dos resíduos sólidos e disposição final ambientalmente adequada dos rejeitos, de acordo com plano municipal de gestão integrada de resíduos sólidos ou com plano de gerenciamento de resíduos sólidos.
- **Gestão integrada de resíduos sólidos** (art. 3º, inciso XI): conjunto de ações voltadas para a busca de soluções para os resíduos sólidos, de forma a considerar as dimensões política, econômica, ambiental, cultural e social, com controle social e sob a premissa do desenvolvimento sustentável.
- **Logística reversa** (art. 3º, inciso XII): instrumento de desenvolvimento econômico e social caracterizado por um conjunto de ações, procedimentos e meios destinados a viabilizar a coleta e a restituição dos resíduos sólidos ao setor empresarial, para reapro-

veitamento, em seu ciclo ou em outros ciclos produtivos, ou outra destinação final ambientalmente adequada.

- **Resíduo Sólido** (art. 3º, inciso XVI): material, substância, objeto ou bem descartado resultante de atividades humanas em sociedade, a cuja destinação final se procede, se propõe proceder ou se está obrigado a proceder, nos estados sólido ou semissólido, bem como gases contidos em recipientes e líquidos cujas particularidades tornem inviável o seu lançamento na rede pública de esgotos ou em corpos d'água, ou exijam para isso soluções técnica ou economicamente inviáveis em face da melhor tecnologia disponível.
- **Rejeitos** (art. 3º, inciso XV): resíduos sólidos que, depois de esgotadas todas as possibilidades de tratamento e recuperação por processos tecnológicos disponíveis e economicamente viáveis, não apresentem outra possibilidade que não a disposição final ambientalmente adequada.

Ainda, tem-se como princípios da PNRS (art. 6º, incisos I a XI):

- prevenção e a precaução;
- poluidor-pagador e o protetor-recebedor;
- visão sistêmica, na gestão dos resíduos sólidos, que considere as variáveis ambiental, social, cultural, econômica, tecnológica e de saúde pública;
- desenvolvimento sustentável;
- ecoeficiência, mediante a compatibilização entre o fornecimento, a preços competitivos, de bens e serviços qualificados que satisfaçam as necessidades humanas e tragam qualidade de vida e a redução do impacto ambiental e do consumo de recursos naturais a um nível, no mínimo, equivalente à capacidade de sustentação estimada do planeta;
- cooperação entre as diferentes esferas do poder público, o setor empresarial e demais segmentos da sociedade;
- responsabilidade compartilhada pelo ciclo de vida dos produtos;
- reconhecimento do resíduo sólido reutilizável e reciclável como um bem econômico e de valor social, gerador de trabalho e renda e promotor de cidadania;
- respeito às diversidades locais e regionais;
- direito da sociedade à informação e ao controle social;
- razoabilidade e a proporcionalidade.

Importante recordar que na gestão e gerenciamento de resíduos sólidos, deve ser observada a seguinte ordem de prioridade (art. 9º): não geração, redução, reutilização, reciclagem, tratamento dos resíduos sólidos e disposição final ambientalmente adequada dos rejeitos.

A disposição final ambientalmente adequada é entendida como a *"distribuição ordenada de rejeitos em aterros, observando normas operacionais específicas de modo a evitar danos ou riscos à saúde pública e à segurança e a minimizar os impactos ambientais adversos"* (art. 3º, inciso VIII). Quanto ao tema e os impactos a serem considerados, tem-se relevante jurisprudência:

> "ADMINISTRATIVO. AÇÃO ORDINÁRIA. MEIO AMBIENTE. **ATERRO SANITÁRIO. PROXIMIDADE DE AEROPORTO. RISCO À SAÚDE PÚBLICA E À SEGURANÇA DO TRÂNSITO DE AERONAVES. REMOÇÃO DETERMINADA**. MANUTENÇÃO DA SENTENÇA. REMESSA OFICIAL DESPROVIDA.
>
> 1. Remessa oficial em face de sentença que julgou procedente o pedido para determinar a remoção do vazadouro de lixo do Município de Vespasiano/MG, localizado dentro da área de segurança aeroportuária do Aeroporto Tancredo Neves Confins/MG.
>
> **2. A União comprovou o risco que as atividades de deposição de lixo no aterro sanitário causam tanto à segurança do trânsito de aeronaves que se utilizam do Aeroporto de Confins (diante da grande presença de aves, entre as quais, urubus, carcarás, garças vaqueiras, pardais, pombos e andorinhas), quanto à saúde pública, em razão da possibilidade de contaminação do meio ambiente com chorume e metais pesados.**
>
> 3. Correta a sentença ao determinar a remoção do aterro sanitário diante dos riscos inerentes ao seu funcionamento. Precedentes declinados no voto. (...)"
>
> (TRF1, 0059390-93.2011.4.01.3800, Relator Desembargador Jamil Rosa de Jesus Oliveira, Sexta Turma, julgado em 07/02/2022 – Destacamos)

Quanto à responsabilidade pelo ciclo de vida dos produtos, é determinado na Lei que é compartilhada, ou seja, individualizada e encadeada para cada agente, abrangendo os fabricantes, importadores, distribuidores e comerciantes, os consumidores e os titulares dos serviços públicos de limpeza urbana e de manejo de resíduos sólidos (art. 30, *caput*).

Para fins de estruturação e implementação da logística reversa, são obrigados a tal os seguintes setores (art. 33, *caput* e incisos I a VI): agrotóxicos, pilhas e baterias, pneus, óleos lubrificantes, lâmpadas fluorescentes, produtos eletroeletrônicos e seus componentes. Essa obrigatoriedade será efetivada via regulamento ou acordos setoriais e termos de compromisso firmados entre o Poder Público e o setor empresarial (art. 33, § 1º). Tanto os acordos setoriais quanto os termos de compromisso podem ser de abrangência nacional, regional, estadual ou municipal, havendo prevalência dos acordos nacionais em relação aos regionais e estaduais, e desses em relação aos municipais (art. 34, *caput* e § 1º). Como experiência na jurisprudência, tem-se:

> "EMENTA: APELAÇÃO CÍVEL. MULTA AMBIENTAL APLICADA PELO MUNICÍPIO DE LONDRINA. **EMPRESA FABRICANTE DE LÂMPADAS. IMPLEMENTAÇÃO DE SISTEMA DE LOGÍSTICA REVERSA DE LÂMPADAS FLUORESCENTES NO MUNICÍPIO DE LONDRINA. ACORDO SETORIAL QUE DETERMINA QUE CABE À ENTIDADE GESTORA, AOS COMERCIANTES E DISTRIBUIDORES DO PRODUTO A DESTINAÇÃO ADEQUADA DAS LÂMPADAS USADAS. OBEDIÊNCIA AO ACORDO SETORIAL.** RESPONSABILIDADE DA FABRICANTE AFASTADA. NULIDADE DA CDA. SENTENÇA MANTIDA. RECURSO CONHECIDO E NÃO PROVIDO."
>
> (TJPR, Apelação 0065032-88.2020.8.16.0014, Relator Desembargador Carlos Mansur Arida, 5ª Câmara Cível, julgado em 16/05/2022 – Destacamos)

A norma também estabelece a classificação dos resíduos (art. 13, incisos I e II):

- Quanto à origem:
    - resíduos domiciliares
    - resíduos de limpeza urbana
    - resíduos sólidos urbanos
    - resíduos de estabelecimentos comerciais e prestadores de serviços
    - resíduos dos serviços públicos de saneamento básico
    - resíduos industriais

- o resíduos de serviços de saúde
- o resíduos da construção civil
- o resíduos agrossilvopastoris
- o resíduos de serviços de transportes
- o resíduos de mineração
- Quanto à periculosidade:
  - o resíduos perigosos
  - o resíduos não perigosos

São obrigados a elaborar Plano de Gerenciamento de Resíduos Sólidos – PGRS (art. 20, incisos I a V):

- resíduos dos serviços públicos de saneamento básico
- resíduos industriais
- resíduos de serviços de saúde
- resíduos de mineração
- estabelecimentos comerciais e de prestação de serviços que:
  - o gerem resíduos perigosos;
  - o gerem resíduos que, mesmo caracterizados como não perigosos, por sua natureza, composição ou volume, não sejam equiparados aos resíduos domiciliares pelo poder público municipal
- empresas de construção civil
- Responsáveis por portos, aeroportos, terminais alfandegários, rodoviários e ferroviários e passagens de fronteira
- os responsáveis por atividades agrossilvopastoris, se exigido pelo órgão competente.

O plano de gerenciamento de resíduos sólidos é parte integrante do processo de licenciamento ambiental do empreendimento ou atividade, devendo estar atualizado e disponível para os órgãos competentes e ser elaborado, implementado, operacionalizado e monitorado via responsável técnico devidamente habilitado (arts. 22, 23 e 24).

Há a proibição de destinação ou disposição final de resíduos sólidos ou rejeitos das seguintes formas (art. 47, incisos I a IV): (i) lançamento em praias, no mar ou em quaisquer corpos hídricos; (ii) lançamento in natura a céu aberto, excetuados os resíduos de mineração; (iii) queima a céu aberto ou em recipientes, instalações e equipamentos não licenciados para essa finalidade; (iv) outras formas vedadas pelo poder público.

Importante inovação normativa foi a Resolução ANM 85/2021, que dispõe sobre os procedimentos para o aproveitamento de rejeitos e estéreis de mineração. Diferentemente da PNRS, a Resolução define como rejeito o material descartado durante e/ou após o processo de beneficiamento (art. 1º, inciso II), ou seja, é mais abrangente ao passo que não dispõe que devem ter sido esgotadas *"todas as possibilidades de tratamento e recuperação por processos tecnológicos disponíveis e economicamente viáveis".*

Outra recente novidade foi a aprovação, via Decreto Federal 11.043/2022, do Plano Nacional de Resíduos Sólidos (PLANARES), o qual representa uma estratégia de longo prazo para operacionalizar as disposições legais, princípios, objetivos e diretrizes da PNRS.

9.1 QUESTÕES

Questão 1
[OAB – XXV Exame de Ordem Unificado] Os Municípios ABC e XYZ estabeleceram uma solução consorciada intermunicipal para a gestão de resíduos sólidos. Nesse sentido, celebraram um consórcio para estabelecer as obrigações e os procedimentos operacionais relativos aos resíduos sólidos de serviços de saúde, gerados por ambos os municípios. Sobre a validade do plano intermunicipal de resíduos sólidos, assinale a afirmativa correta.

A) Não é válido, uma vez que os resíduos de serviços de saúde não fazem parte da Política Nacional de Resíduos Sólidos, sendo disciplinados por lei específica.

B) É válido, sendo que os Municípios ABC e XYZ terão prioridade em financiamentos de entidades federais de crédito para o manejo dos resíduos sólidos.

C) É válido, devendo o consórcio ser formalizado por meio de sociedade de propósito específico com a forma de sociedade anônima.

D) É válido, tendo como conteúdo mínimo a aplicação de 1% (um por cento) da receita corrente líquida de cada município consorciado.

Questão 2
[OAB – XXIV Exame de Ordem Unificado] Bolão Ltda., sociedade empresária, pretende iniciar atividade de distribuição de pneus no mercado brasileiro. Para isso, contrata uma consultoria para, dentre outros elementos, avaliar sua responsabilidade pela destinação final dos pneus que pretende comercializar. Sobre o caso, assinale a afirmativa correta.

A) A destinação final dos pneus será de responsabilidade do consumidor final, no âmbito do serviço de regular limpeza urbana.

B) A sociedade empresária será responsável pelo retorno dos produtos após o uso pelo consumidor, de forma independente do serviço público de limpeza urbana.

C) A destinação final dos pneus, de responsabilidade solidária do distribuidor e do consumidor final, se dará no âmbito do serviço público de limpeza urbana.

D) Previamente à distribuição de pneus, a sociedade empresária deve celebrar convênio com o produtor, para estabelecer, proporcionalmente, as responsabilidades na destinação final dos pneus.

9.2 GABARITO

Questão 1 - Alternativa B
Questão 2 - Alternativa B

10 - POVOS INDÍGENAS

Os povos indígenas têm seus direitos constitucionalmente reconhecidos, notadamente a proteção da *"sua organização social, costumes, línguas, crenças e tradições, e os direitos originários sobre as terras que tradicionalmente ocupam, competindo à União demarcá-las, proteger e fazer respeitar todos os seus bens"* (art. 231, *caput*). A Constituição Federal inclusive garante aos povos indígenas legitimidade para ingressar em juízo para a defesa dos seus direitos e deveres, sendo o Ministério Público interveniente em todos os atos processuais (art. 232).

Também há garantia na Lei Federal 6.001/1973 (Estatuto do Índio), ao passo que estatui que *"serão respeitados os usos, costumes e tradições das comunidades indígenas e seus efeitos, nas relações de família, na ordem de sucessão, no regime de propriedade e nos atos ou negócios realizados entre índios, salvo se optarem pela aplicação do direito comum"* (art. 6º, *caput*).

Cumpre ressaltar que o Decreto Federal 6.040/2007, que instituiu a Política Nacional de Desenvolvimento Sustentável dos Povos e Comunidades Tradicionais, estabelece como um dos seus princípios *"o reconhecimento, a valorização e o respeito à diversidade socioambiental e cultural dos povos e comunidades tradicionais, levando-se em conta, dentre outros aspectos, os recortes etnia, raça, gênero, idade, religiosidade, ancestralidade, orientação sexual e atividades laborais, entre outros, bem como a relação desses em cada comunidade ou povo, de modo a não desrespeitar, subsumir ou negligenciar as diferenças dos mesmos grupos, comunidades ou povos ou, ainda, instaurar ou reforçar qualquer relação de desigualdade"* (art. 1º, inciso I, do Anexo). Além desse princípio, também foram estabelecidos os de reconhecimento/consolidação/preservação de direitos, de promoção dos meios necessários para sua participação nas instâncias de controle social e processos decisórios (art. 1º, incisos VIII, IX e XIV, do Anexo).

A Convenção OIT 169, largamente utilizada para proteção dos direitos socioambientais dos povos indígenas e comunidades tradicionais, também ressalta de forma clara e veemente a necessária proteção e efetividade dos seus direitos, cultura e forma de vida.

A Constituição Federal delimitou como terras tradicionalmente ocupadas pelos povos indígenas as áreas por eles habitadas *"em caráter permanente, as utilizadas para suas atividades produtivas, as imprescindíveis à preservação dos recursos ambientais necessários a seu bem-estar e as necessárias a sua reprodução física e cultural, segundo seus usos, costumes e tradições"* (art. 231, § 1º). Inclusive, há vedação expressa de remoção dos povos das suas terras salvo em casos extremos de catástrofes ou epidemia que lhes coloque em riscos, e desde que ad referendum pelo Congresso Nacional, ou senão em caso de interesse da soberania nacional e após deliberação do Congresso Nacional, garantido o seu retorno assim que o risco tiver cessado (art. 231, § 5º).

Dispõe a Lei Federal 6.001/1973 (Estatuto do Índio) que deve ser garantido aos povos indígenas a sua permanência voluntária no seu habitat, inclusive meios para seu desenvolvimento e progresso (art. 2º, inciso V), além da posse permanente das terras que habitam (art. 2º, inciso IX). Ainda, são consideradas terras indígenas (art. 17, incisos I a III): (i) as terras ocupadas ou habitadas pelos silvícolas – referidas nos artigos 4º, IV, e 198, da Constituição Federal; (ii) as áreas reservadas; e (iii) as terras de domínio das comunidades indígenas ou de silvícolas. É estabelecido (art. 19, *caput*) que essas áreas serão demarcadas pelo órgão federal de assistência ao índio (no caso, a Fundação Nacional do Índio – FUNAI). São estabelecidas 3 (três) categorias:

- **Áreas ocupadas** (art. 22, *caput* e § único): Nas quais tem a posse permanente das terras que habitam e o direito ao usufruto exclusivo das riquezas naturais e de todas as utilidades naquelas terras existentes. São bens inalienáveis pela União.
- **Áreas reservadas** (art. 26, *caput* e § único): áreas que são destinadas à posse e ocupação pelos povos indígenas, para vivência e obtenção dos meios de subsistência, com direito ao usufruto e utilização das riquezas naturais e dos bens nelas existentes, respeitadas as restrições legais. Há 3 (três) modalidades: reserva indígena, parque indígena e colônia agrícola indígena).
- **Terras de domínio indígena** (art. 32): propriedade plena pela aquisição de domínio nos termos da legislação civil.

O Decreto Federal 6.040/2007 também dispõe nesse sentido ao incluir como seu primeiro objetivo o de garantir aos povos os seus territórios e direitos territoriais (arts. 2º e 3º, inciso I, do Anexo). Pela norma entende-se como territórios tradicionais *"os espaços necessários a reprodução cultural, social e econômica dos povos e comunidades tradicionais, sejam eles utilizados de forma permanente ou temporária"* (art. 3º, inciso II).

Igualmente são os territórios dos povos indígenas protegidos pela Convenção OIT 169, que tem o direito de escolher as terras que ocupam e utilizam de alguma forma, bem como de controlar o seu desenvolvimento econômico, social e cultural (art. 7º, item 1), devendo os governos atuarem para a proteção e preservação do meio ambiente habitados por esses povos (art. 7º, item 4). Importante determinação da Convenção e que merece especial destaque:

> *"Artigo 14*
>
> *1. **Dever-se-á reconhecer aos povos interessados os direitos de propriedade e de posse sobre as terras que tradicionalmente ocupam**. Além disso, nos casos apropriados, **deverão ser adotadas medidas para salvaguardar o direito dos povos interessados de utilizar terras que não estejam exclusivamente ocupadas por eles**, mas às quais, tradicionalmente, tenham tido acesso para suas atividades tradicionais e de subsistência. Nesse particular, deverá ser dada especial atenção à situação dos povos nômades e dos agricultores itinerantes.*
>
> *2. **Os governos deverão adotar as medidas que sejam necessárias para determinar as terras que os povos interessados ocupam tradicionalmente e garantir a proteção efetiva dos seus direitos de propriedade e posse**.*
>
> *3. Deverão ser instituídos procedimentos adequados no âmbito do sistema jurídico nacional para solucionar as reivindicações de terras formuladas pelos povos interessados."* (destacamos)

A demarcação de terras indígenas segue o disposto no Decreto Federal 1.775/1996, que dispõe sobre o procedimento administrativo de demarcação das terras indígenas, o qual se baseará em trabalhos desenvolvidos por antropólogo de reconhecida qualificação (art. 2º, *caput*). Segundo a norma, são passos a serem seguidos:

- Estudo antropológico de identificação elaborado pelo antropólogo de reconhecida qualificação (art. 2º, *caput*)
- Designação, pela FUNAI, do grupo técnico especializado, que será coordenado por antropólogo e será composto preferencialmente por servidores do órgão, a fim de realizar estudos complementares de natureza etno-histórica, sociológica, jurídica, cartográfica, ambiental e o levantamento fundiário necessários à delimitação. (art. 2º, § 1º)

- Envio, pelo grupo técnico especializado à FUNAI, do relatório circunstanciado caracterizando a terra indígena a ser demarcada. (art. 2º, § 6º)
- Aprovação do relatório pela FUNAI e publicação do resumo no Diário Oficial juntamente com memorial descritivo e mapa da área com afixação a sede da prefeitura municipal da região. (art. 2º, § 7º)
- Abertura de prazo para manifestação dos estados e municípios da região da Terra Indígena objeto do processo de demarcação. (art. 2º, § 8º)
- Encaminhamento do procedimento ao Ministro da Justiça. (art. 2º, § 9º)
- Decisão do Ministro da Justiça para determinando a demarcação, solicitando novas diligências ou desaprovando a identificação e devolvendo o processo para a FUNAI. (art. 2º, § 10)
- Homologação da demarcação a Terra Indígena via decreto. (art. 5º)

DIREITO AMBIENTAL

10.1 QUESTÕES

Questão 1
[OAB – XXXIV Exame de Ordem Unificado] A Constituição da República dispõe que são reconhecidos aos índios sua organização social, costumes, línguas, crenças e tradições, e os direitos originários sobre as terras que tradicionalmente ocupam. Do ponto de vista histórico e cultural, percebe-se que a comunidade indígena está intimamente ligada ao meio ambiente, inclusive colaborando em sua defesa e preservação. Nesse contexto, de acordo com o texto constitucional, a pesquisa e a lavra das riquezas minerais em terras indígenas

A) só podem ser efetivadas com autorização de todos os órgãos que integram o SISNAMA (Sistema Nacional do Meio Ambiente), na forma da lei.

B) só podem ser efetivadas com autorização do Congresso Nacional, ouvidas as comunidades afetadas, ficando-lhes assegurada participação nos resultados da lavra, na forma da lei.

C) não podem ser efetivadas em qualquer hipótese, eis que são terras inalienáveis e indisponíveis, e devem ser exploradas nos limites de atividades de subsistência para os índios.

D) não podem ser efetivadas em qualquer hipótese, diante de expressa vedação constitucional, para não descaracterizar a área de relevante interesse social.

Questão 2
[OAB – IV Exame de Ordem Unificado] O inciso VII do § 1º do art. 225 da Constituição da República prevê a proteção da fauna e da flora, vedadas as práticas que coloquem em risco sua função ecológica, enquanto que o § 1º do art. 231 do referido texto constitucional estabelece que são terras indígenas as habitadas por eles em caráter permanente e que podem ser utilizadas por esses povos, desde que necessárias ao seu bem-estar e à sua reprodução física e cultural. A esse respeito, assinale a alternativa correta.

A) Os indígenas têm o usufruto exclusivo das riquezas do solo, dos rios e dos lagos nas terras ocupadas em caráter permanente por eles e, portanto, podem explorá-las, sem necessidade de licenciamento ambiental.

| 119

B) Os indígenas podem suprimir vegetação de mata atlântica sem autorização do órgão ambiental competente porque são usufrutuários das terras que habitam.

C) A exploração dos recursos florestais em terras indígenas somente poderá ser realizada pelas comunidades indígenas em regime de manejo florestal sustentável, para atender à sua subsistência, respeitado o Código Florestal.

D) Os indígenas são proprietários das terras que ocupam em caráter permanente, mas devem explorá-las segundo as normas ambientais estabelecidas na Lei da Política Nacional do Meio Ambiente e do Código Florestal.

10.2 GABARITO

Questão 1 – Alternativa B
Questão 2 – Alternativa C

11 - URBANÍSTICO

Segundo a Constituição Federal, é competência da União *"instituir diretrizes para o desenvolvimento urbano, inclusive habitação, saneamento básico e transportes urbanos"* (art. 21, inciso XX). Ainda, é disposto que compete à União, Estados e Distrito Federal legislar concorrentemente sobre direito urbanístico (art. 24, inciso I). Os Estados, mediante lei complementar, poderão *"instituir regiões metropolitanas, aglomerações urbanas e microrregiões, constituídas por agrupamentos de municípios limítrofes, para integrar a organização, o planejamento e a execução de funções públicas de interesse comum"* (art. 25, § 3º). Quanto aos Municípios, é de sua competência promover, no que couber, o ordenamento territorial via planejamento e controle de uso, parcelamento e ocupação do solo urbano (art. 30, inciso VIII), a fim de garantir o bem-estar dos seus habitantes (art. 182, *caput*).

Ainda na esfera municipal, tem-se que é obrigatório o plano diretor quando a cidade possuir mais de 20 (vinte) mil habitantes, devendo ser aprovado pela Câmara Municipal (art. 182, § 1º). A propriedade urbana deve cumprir a sua função social, podendo o proprietário de solo urbano não edificado, subutilizado ou não utilizado ser demandado a promover o seu adequado aproveitamento, sob pena de (art. 182, §§ 2º e 4º, incisos I a III):

- parcelamento ou edificação compulsórios;
- imposto sobre a propriedade predial e territorial urbana progressivo no tempo;
- desapropriação com pagamento mediante títulos da dívida pública de emissão previamente aprovada pelo Senado Federal, com prazo de resgate de até dez anos, em parcelas anuais, iguais e sucessivas, assegurados o valor real da indenização e os juros legais.

Também consta na Constituição Federal a possibilidade de aquisição de domínio de área urbana, desde que (art. 183, *caput*; havendo também mesma redação no art. 1.240 do Código Civil):

- Tenha até 250 metros quadrados;
- Esteja na área por 5 anos ininterruptos e sem oposição;
- Seja utilizado para moradia sua ou da família;
- Não seja proprietário de outro imóvel, seja urbano ou rural.

É estabelecido ainda que os imóveis públicos não serão adquiridos por usucapião (art. 183, § 3º), sendo que no Código Civil a vedação é aplicável aos bens públicos (art. 102).

A fim de regulamentar os artigos 182 e 183 da Constituição Federal, foi publicada a Lei Federal 10.257/2001, conhecida como "Estatuto da Cidade". Segundo dispõe, a norma *"estabelece normas de ordem pública e interesse social que regulam o uso da propriedade urbana em prol do bem coletivo, da segurança e do bem-estar dos cidadãos, bem como do equilíbrio ambiental"* (art. 1º, § único). Como instrumentos da norma, tem-se (art. 4º, incisos I a VI):

- Planos nacionais, regionais e estaduais de ordenação do território e de desenvolvimento econômico e social;
- Planejamento das regiões metropolitanas, aglomerações urbanas e microrregiões;
- Planejamento municipal, em especial:
    - plano diretor;
    - disciplina do parcelamento, do uso e da ocupação do solo;
    - zoneamento ambiental;
    - plano plurianual;
    - diretrizes orçamentárias e orçamento anual;
    - gestão orçamentária participativa;
    - planos, programas e projetos setoriais;
    - planos de desenvolvimento econômico e social;
- Institutos tributários e financeiros:
    - imposto sobre a propriedade predial e territorial urbana – IPTU;
    - contribuição de melhoria;
    - incentivos e benefícios fiscais e financeiros;
- Institutos jurídicos e políticos:
    - desapropriação;
    - servidão administrativa;
    - limitações administrativas;
    - tombamento de imóveis ou de mobiliário urbano;
    - instituição de unidades de conservação;
    - instituição de zonas especiais de interesse social;
    - concessão de direito real de uso;
    - concessão de uso especial para fins de moradia;

- parcelamento, edificação ou utilização compulsórios;
- usucapião especial de imóvel urbano;
- direito de superfície;
- direito de preempção;
- outorga onerosa do direito de construir e de alteração de uso;
- transferência do direito de construir;
- operações urbanas consorciadas;
- regularização fundiária;
- assistência técnica e jurídica gratuita para as comunidades e grupos sociais menos favorecidos;
- referendo popular e plebiscito;
- demarcação urbanística para fins de regularização fundiária;
- legitimação de posse.

- Estudo prévio de impacto ambiental (EIA) e estudo prévio de impacto de vizinhança (EIV).

O EIV é estudo relacionado à obtenção de licenças/autorizações para a construção, ampliação ou funcionamento de empreendimento ou atividades, a serem emitidas pelo Poder Público municipal (art. 36), o qual deverá contemplar os efeitos positivos e negativos, notadamente quanto a vida da população residente nas proximidades, abrangendo, no mínimo (art. 37, incisos I a VII):

- adensamento populacional;
- equipamentos urbanos e comunitários;
- uso e ocupação do solo;
- valorização imobiliária;
- geração de tráfego e demanda por transporte público;
- ventilação e iluminação;
- paisagem urbana e patrimônio natural e cultural.

Um dos grandes instrumentos da norma é o Plano Diretor, o qual se constitui como um instrumento básico da política de "desenvolvimento e expansão urbana" (art. 40, *caput*), integrando o planejamento municipal e devendo a lei que o instituiu ser revista a cada 10 anos, pelo menos (art. 40, §§ 1º e 3º). Ele é obrigatório para cidades que preencham os seguintes requisitos (art. 41, incisos I a VI):

- Ter mais de vinte mil habitantes;
- Integrantes de regiões metropolitanas e aglomerações urbanas;

Onde o Poder Público municipal pretenda utilizar os instrumentos previstos no § 4º do art. 182 da Constituição Federal;

Integrantes de áreas de especial interesse turístico;

Inseridas na área de influência de empreendimentos ou atividades com significativo impacto ambiental de âmbito regional ou nacional;

Incluídas no cadastro nacional de Municípios com áreas suscetíveis à ocorrência de deslizamentos de grande impacto, inundações bruscas ou processos geológicos ou hidrológicos correlatos.

Além desses requisitos, há a obrigatoriedade de elaboração de um plano de transporte urbano integrado quando o município possuir mais de 500 mil habitantes (art. 41, § 2º). Quanto ao seu conteúdo, o Plano Diretor deverá conter minimamente os seguintes itens (art. 42, incisos I a III):

- a delimitação das áreas urbanas onde poderá ser aplicado o parcelamento, edificação ou utilização compulsórios, considerando a existência de infraestrutura e de demanda para utilização;
- disposições requeridas pelos arts. 25 (preferência de aquisição onerosa de imóvel urbano pelo Poder Público), 28 (fixação de áreas nos quais a construção poderá ser acima do coeficiente permitido), 29 (permissão de alteração de uso do solo), 32 (possibilidade de delimitação de área para operações consorciadas) e 35 (autorização de proprietário a exercer em outro local ou alienar direito de construir mediante escritura pública) da Lei;
- sistema de acompanhamento e controle.

Outro importante ponto do Estatuto da Cidade é a chamada gestão democrática da cidade. Dispõe que são instrumentos dessa gestão (art. 43, incisos I a IV):

- órgãos colegiados de política urbana, nos níveis nacional, estadual e municipal;
- debates, audiências e consultas públicas;
- conferências sobre assuntos de interesse urbano, nos níveis nacional, estadual e municipal;
- iniciativa popular de projeto de lei e de planos, programas e projetos de desenvolvimento urbano.

É ressaltado também que deve haver pleno exercício da cidadania, notadamente pela obrigatória e significativa participação da população e associações representativas de segmentos da comunidade (art. 45).

Sobre meio ambiente, o Estatuto da Cidade estabelece, ainda, serem diretrizes gerais da política urbana (i) o planejamento do desenvolvimento das cidades, distribuição espacial da população e das atividades econômicas municipais e área de influência, especialmente para evitar e corrigir efeitos negativos sobre o meio ambiente (art. 2º, inciso IV); (ii) evitar a poluição e degradação ambiental (art. 2º, inciso VI, alínea "g"); (iii) sustentabilidade ambiental na produção e consumo de bens (art. 2º, inciso VIII); (iv) proteção, preservação e recuperação ambiental (art. 2º, inciso XII); (v) realização de audiência pública com a população nos casos de empreendimentos ou atividades potencialmente causadores de impactos ambientais negativos (art. 2º, inciso XIII).

Ainda, há a Lei Federal 9.766/1979 (Lei do Parcelamento do Solo Urbano). Quanto à temática ambiental, a norma estabelece que o parcelamento do solo urbano poderá ser realizado mediante loteamento (subdivisão de gleba em lotes destinados à edificação, com abertura de novas vias de circulação, de logradouros públicos ou prolongamento, modificação ou ampliação das vias existentes) ou desmembramento (subdivisão de gleba em lotes destinados à edificação, com aproveitamento do sistema viário existente, desde que não implique na abertura de novas vias e logradouros públicos, nem no prolongamento, modificação ou ampliação dos já existentes), desde que observadas a Lei, normas estaduais e municipais (art. 2º, *caput* e §§ 1º e 2º). O parcelamento deverá ter uma infraestrutura básica, constituída pelos equipamentos urbanos de escoamento das águas pluviais, iluminação pública, esgotamento sanitário, abastecimento de água potável, energia elétrica pública e domiciliar e vias de circulação (art. 2º, § 5º).

Anteriormente, a Lei estabelecia que era obrigatória faixa não edificável de 15 metros ao longo de águas correntes e dormentes e da faixa de domínio das ferrovias. Contudo, sobreveio a Lei Federal 14.265/2021, que alterou a redação, constando agora que a faixa de 15 metros aplica-se à faixa de domínio das ferrovias, sendo que para águas correntes e dormentes a metragem será definida por norma municipal ou distrital (art. 4º, incisos III-A e III-B).

11.1 QUESTÕES

Questão 1
[OAB – XXIII Exame de Ordem Unificado] A Lei Federal nº 123, de iniciativa parlamentar, estabelece regras gerais acerca do parcelamento do solo urbano. Em seguida, a Lei Municipal nº 147 fixa área que será objeto do parcelamento, em função da subutilização de imóveis. Inconformado com a nova regra, que atinge seu imóvel, Carlos procura seu advogado para que o oriente sobre uma possível irregularidade nas novas regras. Considerando a hipótese, acerca da Lei Federal nº 123, assinale a afirmativa correta.

A) É formalmente inconstitucional, uma vez que é competência dos municípios legislar sobre política urbana.

B) É formalmente inconstitucional, uma vez que a competência para iniciativa de leis sobre política urbana é privativa do Presidente da República.

C) Não possui vício de competência, já que a Lei Municipal nº 147 é inconstitucional, sendo da competência exclusiva da União legislar sobre política urbana.

D) Não possui vício de competência, assim como a Lei Municipal nº 147, sendo ainda de competência dos municípios a execução da política urbana.

Questão 2
[OAB – XX Exame de Ordem Unificado] O prefeito do Município Alfa, que conta hoje com 30 (trinta) mil habitantes e tem mais de 30% de sua área constituída por cobertura vegetal, consulta o Procurador Geral do Município para verificar a necessidade de edição de Plano Diretor, em atendimento às disposições constitucionais e ao Estatuto da Cidade (Lei nº 10.257/01). Sobre o caso, assinale a afirmativa correta.

A) O Plano Diretor não é necessário, tendo em vista a área de cobertura vegetal existente no Município Alfa, devendo este ser substituído por Estudo Prévio de Impacto Ambiental (EIA).

B) O Plano Diretor não será necessário, tendo em vista que todos os municípios com mais de 20 (vinte) mil habitantes estão automaticamente inseridos em "aglomerações urbanas", que, por previsão legal, são excluídas da necessidade de elaboração de Plano Diretor.

C) Será necessária a edição de Plano Diretor, aprovado por lei municipal, que abrangerá todo o território do Município Alfa, em razão do seu número de habitantes.

D) O Plano Diretor será necessário na abrangência da região urbana do município, regendo, no que tange à área de cobertura vegetal, as normas da Política Nacional do Meio Ambiente.

Questão 3
[OAB - Exame de Ordem Unificado 2010.3] O Estudo de Impacto de Vizinhança - EIV é uma espécie do gênero Avaliação de Impacto Ambiental e está disciplinado no Estatuto da Cidade, que estabelece e enumera os instrumentos da política de desenvolvimento urbano, de acordo com seus arts. 4º e 36 a 38. A esse respeito, assinale a alternativa correta.

A) As atividades de relevante e significativo impacto ambiental que atingem mais de um Município são precedidas de estudo de impacto de vizinhança.

B) O estudo de impacto de vizinhança só pode ser exigido em área rural pelo órgão ambiental municipal.

C) A Avaliação de Impacto Ambiental é exigida para analisar o adensamento populacional e a geração de tráfego e demanda por transporte público advindos da edificação de um prédio.

D) A elaboração de estudo de impacto de vizinhança não substitui a elaboração de estudo prévio de impacto ambiental, requerida nos termos da legislação ambiental.

11.2 GABARITO

Questão 1 - Alternativa D
Questão 2 - Alternativa C
Questão 3 - Alternativa D

12 - AÇÃO CIVIL PÚBLICA E AÇÃO POPULAR

Há também meios processuais para salvaguarda de direitos na esfera socioambiental. Um dos principais é a Ação Civil Pública. Disciplinada pela Lei Federal 7.347/1985, ela foca nas ações de responsabilidade por danos morais e patrimoniais de diversas frentes, dentre as quais meio ambiente, bens de valor artístico/estético/histórico/turístico/paisagístico e ordem urbanística (art. 1º, *caput* e incisos I, III e VI). É vedada a sua utilização para pretensões que envolvam tributos, contribuições previdenciárias, o Fundo de Garantia do Tempo de Serviço – FGTS ou outros fundos de natureza institucional cujos beneficiários podem ser individualmente determinados (art. 1º, § único).

Como objeto, a Ação Civil Pública pode abranger condenação em dinheiro ou cumprimento de obrigação de fazer ou de não fazer (art. 3º), havendo a possibilidade de ação cautelar para evitar danos (art. 4º).

São legitimados para propor a ação (art. 5º, incisos I a V e § 1º):

- o Ministério Público (ou como fiscal da lei, caso não seja proponente da ação);
- a Defensoria Pública;
- a União, os Estados, o Distrito Federal e os Municípios;
- a autarquia, empresa pública, fundação ou sociedade de economia mista;
- a associação que, concomitantemente:
   - esteja constituída há pelo menos 1 (um) ano nos termos da lei civil;
   - inclua, entre suas finalidades institucionais, a proteção ao patrimônio público e social, ao meio ambiente, ao consumidor, à ordem econômica, à livre concorrência, aos direitos de grupos raciais, étnicos ou religiosos ou ao patrimônio artístico, estético, histórico, turístico e paisagístico.

O Ministério Público poderá ser instado a propor ação, seja por iniciativa de pessoa física, de servidor público, de juízes ou tribunais (arts. 6º e 7º). Antes, há a possibilidade de o Ministério Público instaurar um inquérito civil para apurar as informações e convicção (arts. 8º e 9º). Cabe ressaltar, também, que no caso de desistência infundada ou abandono da ação pela associação legitimada, assumirá o Ministério Público ou outro legitimado a titularidade ativa da ação (art. 5º, § 3º).

A sentença em Ação Civil Pública tem efeito *erga omnes*, ou seja, para todos nos limites da competência territorial, salvo se houver julgamento improcedente por insuficiência de provas, situação na qual poderá haver propositura de outra ação com fundamento idêntico, mas sob nova prova (art. 16).

Ainda, para a associação autora não haverá adiantamento de custas, emolumentos, honorários periciais e quaisquer outras despesas, nem condenação em honorários de advogado/custas/despesas processuais (art. 18).

Há aplicação subsidiária do Código de Processo Civil (CPC) naquilo que não contrariar a Lei (art. 19), bem como de maneira subsidiária o Código de Defesa do Consumidor (art. 21).

12.1 QUESTÕES

Questão 1

[OAB – XX Exame de Ordem Unificado] No curso de obra pública de construção de represa para fins de geração de energia hidrelétrica em rio que corta dois estados da Federação, a associação privada Sorrio propõe ação civil pública buscando a reconstituição do ambiente ao status quo anterior ao do início da construção, por supostos danos ao meio ambiente. Considerando a hipótese, assinale a afirmativa correta.

A) Caso a associação Sorrio abandone a ação, o Ministério Público ou outro legitimado assumirá a titularidade ativa.

B) Caso haja inquérito civil público em curso, proposto pelo Ministério Público, a ação civil pública será suspensa pelo prazo de até 1 (um) ano.

C) Como o bem público objeto da tutela judicial está localizado em mais de um estado da federação, a legitimidade ativa exclusiva para propositura da ação civil pública é do Ministério Público Federal.

D) Caso o pedido seja julgado improcedente por insuficiência de provas, não será possível a propositura de nova demanda com o mesmo pedido.

12.2 GABARITO

Questão 1 – Alternativa A

13 - TEMAS ATUAIS

13.1 DIREITOS DA NATUREZA

Sob os auspícios das discussões que vinham sendo desenvolvidas no âmbito internacional, principalmente do Clube de Roma e da Conferência de Estocolmo de 1972, foi promulgada, em 31 de agosto de 1981, a Lei Federal 6.938/81, que dispõe sobre a Política Nacional do Meio Ambiental. Nesta referida norma, inovou-se ao tratar pela primeira vez do gerenciamento e da proteção do meio ambiente em âmbito nacional de forma mais completa e pormenorizada, sendo, até hoje e conjuntamente com a nossa Constituição Federal de 1988, uma das normas basilares da regulamentação ambiental em todo o território nacional. É o mais próximo que temos de um "Código Ambiental Brasileiro".

Conforme se depreende da leitura do seu artigo 4º, inciso I, um dos principais objetivos da Política é a compatibilização do desenvolvimento econômico e social com a preservação da natureza, bem como à preservação e restauração dos recursos ambientais para a manutenção do equilíbrio ecológico propício à vida.[21] Como se vê, a norma visou precipuamente a proteção do meio ambiente, já severamente degradado por décadas por atividades diversas sem a devida fiscalização e, consequen-

---

[21] Art 4º - A Política Nacional do Meio Ambiente visará:
I - à compatibilização do desenvolvimento econômico-social com a preservação da qualidade do meio ambiente e do equilíbrio ecológico;
II - à definição de áreas prioritárias de ação governamental relativa à qualidade e ao equilíbrio ecológico, atendendo aos interesses da União, dos Estados, do Distrito Federal, dos Territórios e dos Municípios;
III - ao estabelecimento de critérios e padrões de qualidade ambiental e de normas relativas ao uso e manejo de recursos ambientais;
IV - ao desenvolvimento de pesquisas e de tecnologias nacionais orientadas para o uso racional de recursos ambientais;
V - à difusão de tecnologias de manejo do meio ambiente, à divulgação de dados e informações ambientais e à formação de uma consciência pública sobre a necessidade de preservação da qualidade ambiental e do equilíbrio ecológico;
VI - à preservação e restauração dos recursos ambientais com vistas à sua utilização racional e disponibilidade permanente, concorrendo para a manutenção do equilíbrio ecológico propício à vida;
VII - à imposição, ao poluidor e ao predador, da obrigação de recuperar e/ou indenizar os danos causados e, ao usuário, da contribuição pela utilização de recursos ambientais com fins econômicos.

temente, sem a tomada de medidas de comando e controle. Tal assertiva está, inclusive, em consonância com os instrumentos da Política. Nos termos do artigo 9º, estão entre os seus instrumentos o estabelecimento de padrões de qualidade ambiental, a avaliação de impactos ambientais, o licenciamento/revisão daquelas atividades efetiva ou potencialmente poluidoras e a aplicação de penalidades àqueles que não cumprirem medidas de preservação ou correção da degradação ambiental. Vê-se, portanto, a preocupação e necessidade de se corrigir erros do passado, no que tange à qualidade, preservação e recuperação da Natureza.

A Constituição Federal promulgada em 05 de outubro de 1988 trouxe uma das mais relevantes inovações no trato da matéria ambiental no Brasil: a constitucionalização da proteção do meio ambiente. Diferentemente do quanto trazido pelos anteriores textos constitucionais, a novel Carta Magna elevou a preservação ambiental ao nível de garantia constitucional fundamental, sendo um direito humano basilar, tal como, por exemplo, o direito à saúde, à moradia e à segurança.

Assim, pode haver uma linha de raciocínio que entenda que a legislação ambiental brasileira foi elaborada, até então, com vistas a proteger a Natureza em todas as suas formas, para fins de perpetrar à todos (e aqui, mais uma vez, ressaltamos não ser somente o ser humano) uma sadia qualidade de vida. Em poucas palavras, buscou-se preservar os direitos da Natureza, entendida como a congregação de todos os componentes do Planeta Terra e mantenedores da qualidade de vida. O ser humano, desde os tempos mais primitivos, se desenvolveu e visa se desenvolver com base no domínio dos fatores ambientais à sua volta. Fomos, aos poucos, perpetrando uma visão de dominação do meio ambiente, iniciando-se, grosso modo, pela domesticação dos animais e cultura de vegetais, avançando para a previsão de fenômenos da Natureza e da maneira de gestão dos recursos naturais para beneficiar as produções industriais de bens de consumo humano. A solidificação de tal pensamento na sociedade é refletida, também, na visão de foco único dos progressos que as discussões internacionais trouxeram, principalmente quando deixa de internalizar que a busca é para o retorno de uma situação de bem viver, de reaproximação do ser humano com o meio ambiente, e não para o avanço dos moldes econômicos insustentáveis e predatórios atualmente em voga. No âmbito internacional, devemos destacar relevantes pensadores como James Lovelock, Ignacy Sachs e Fritjof Capra, os quais, em tom uníssono, apontam que o ser humano é parte do grande sistema Terra (chamado por Lovelock de Gaia e endossado por Capra como sendo um sistema vivo e autorregulado), não estando deste apartado e, portanto, o modelo de desenvolvimento deve ter tal característica como basilar. Segundo Sachs, *"um importante aspecto do desenvolvimento é a sua capacidade de sustentação. A prudência ecológica é um dos princípios da ética do desenvolvimento, lado a lado com a equidade social"*[22]. Ainda, afirma que *"um novo tipo de desenvolvimento deve procurar a harmonia da sociedade com a natureza. Em sua ausência, a imbricação dos fenômenos de degradação ambiental e de decadência social levará fatalmente ao mau desenvolvimento"*[23].

Especificamente quanto à dificuldade de aproximação do ser humano à ideia de que é componente/integrante da Natureza, Capra clareia de forma fundamental que *"no nosso ambiente, não percebemos coisas nem eventos que não nos dizem respeito, e também sabemos que aquilo que percebemos é, em grande medida, condicionado pelo nosso arcabouço conceitual e pelo nosso contexto cultural"*[24]. Tal afirmação é plenamente aplicável à noção antropocêntrica de que os recursos naturais são utilizáveis unicamente à satisfação de anseios e desejos da sociedade contemporânea, não sendo o meio ambiente (ou, numa visão macro, a Natureza) sujeito de direito.

Em grande medida, o ser humano está condicionado a olhar para a questão ambiental do jeito que lhe convém, ou seja, para se satisfazer, pois é a mentalidade arraigada desde os primórdios da nossa civilização. Essa visão é agravada com o avanço do consumismo e disputas comerciais, que distribuem no mercado bens materiais desnecessários à sadia qualidade de vida e manutenção de um meio ambiente ecologicamente equilibrado, além de, em muitos casos, extremamente degradantes. Como exemplo, podemos citar as baterias dos celulares e componentes/combustíveis/óleos lubrificantes de automóveis, que causam extrema poluição ambiental por puro oportunismo da indústria em oferecer, a cada ano, novos modelos de produtos já suficientemente disponíveis no mercado. Aumentam e fomentam, portanto, a procura por um bem de consumo desnecessário, o qual, desde a retirada de minério ou outra matéria prima necessária à produção até a chegada ao consumidor final, causa uma efetiva degradação ambiental de extrema significância.

No Brasil, também tivemos basilares contribuições de defensores da visão unificadora do ser humano e da Natureza. José Lutzemberger, em 1980, expressou que *"a Natureza é incrivelmente bela e significativa, mas, assim como a música clássica só fascina quem aprendeu a senti-la, sendo facilmente incompreendida e mesmo desprezada por quem não fez*

---

[22] SACHS, Ignacy. *Ecodesenvolvimento: Crescer sem destruir*. São Paulo: Vértice. 1986, p. 135-136.
[23] SACHS, Ignacy. *Qual desenvolvimento para o século XXI?*. Em BARRÈRE, Martine (coord.). *Terra, patrimônio comum: a ciência a serviço do meio ambiente e do desenvolvimento*. São Paulo: Nobel. 1992, p. 124.
[24] CAPRA, Fritjof. *A Teia da Vida*. São Paulo: Cultrix. 1996, p. 212.

o necessário esforço, só quem sabe perceber harmonias, sejam elas naturais ou artificiais, terá diante da Natureza a atitude de compreensão, respeito e reverência, sem a qual não haverá sobrevivência"[25]. É esse o ponto primordial, no qual, assim como trazido por Capra, delimita que a incompreensão humana quanto à sua inserção na Natureza, sendo parte importante e indissociável, advém de bloqueios culturais da formação das sociedades. Fomos, pois, educados a pensarmos na Natureza como algo apartado da nossa realidade, sem a potencialidade de ser inserida na nossa vida e protegida pelo nosso sistema jurídico.

Como fundamento de compreensão, devemos retomar um pensamento ecológico da economia, sendo uma indissociável da outra. O filósofo brasileiro Ávila Coimbra cotejou de forma primordial tal relação[26][27], rememorando que tanto a ecologia quanto a economia são formados pelo elemento *"oikos"*, que em grego significa casa. Assim, a ecologia seria o entendimento e estudo da casa, no caso a nossa Casa Comum, o Planeta Terra. Já a economia seria a administração da Casa Comum. Nesse ínterim, pensar em um sem relacionar ao outro é um equívoco tamanho, principalmente quando pensamos nos elementos da Natureza e sua inter-relação.

No mesmo sentido, Leonardo Boff explica que aplicar a ecologia significa *"pensar sempre holisticamente, quer dizer, ver continuamente a totalidade que não resulta da soma das partes, mas da interdependência orgânica de todos os elementos"*[28].

---

[25] LUTZEMBERGER, José. *Manifesto Ecológico Brasileiro: Fim do Futuro?*. 4ª edição. Porto Alegre: Movimento. 1980, p. 82.

[26] "Oikos + nomia, "administração e governo da casa", outra coisa não poderia ser a Economia. [...] No decurso dos séculos veio confundindo-se progressivamente com a história do Meio Ambiente. [...] Por infelicidade, nalgum momento impreciso da história, produziu-se uma ruptura na própria Economia com respeito à visão global do mundo, daí resultando o conhecido mal-estar entre economistas e ecologistas. Inútil duelo! Não se pode conhecer a casa de maneira eficaz se não é levado a pensar em sua administração e destino. Não se pode administrar a casa sem aquele conhecimento amoroso que conduz o administrador pelos caminhos certos. Por que, então, dentro da mesma oikos dissociar a nomia da logia?" (COIMBRA, José de Ávila Aguiar. *O outro lado do meio ambiente: uma incursão humanista na questão ambiental*, Milennium Editora, 2002, p. 42-43.)

[27] De se destacar, também, as ponderações de Arthur Lyon Dahl, que traz: "Economia e ecologia, palavras para dois dos conceitos fundamentais da sociedade moderna, compartilham a mesma raiz grega, oikos, que significa <<casa>> ou habitat. A economia refere como administrar a nossa casa, a ecologia como conhecê-la ou compreendê-la. Esta unidade de raízes da palavra também reflecte uma unidade subjacente de objetivo e função que devia ligar ecologia e economia. Contudo, na prática, cada disciplina vive num mundo bastante separado, falando uma linguagem diferente, aplicando diferentes princípios [...]. O abismo entre economia e ecologia é um sintoma do mau funcionamento da sociedade moderna que ameaça o nosso próprio futuro." (DAHL, Arthur Lyon. *O Princípio Ecológico: Ecologia e economia em simbiose*, Instituto Piaget, 1996, p. 13.)

[28] BOFF, Leonardo. *Ecologia: Grito da Terra, Grito dos Pobres*. Rio de Janeiro: Vozes. 2015, p. 90-91.

Está em voga há, no mínimo, 30 anos, a utilização da expressão "desenvolvimento sustentável", principalmente nos termos delineados pela Comissão Brundtland, em 1987, que seria *"o desenvolvimento que garante atender às necessidades do presente sem comprometer a capacidade das gerações futuras de atender suas necessidades"*. No entanto, o pesquisador Andrei Cechin, de forma clara e contundente, criticou tal definição, ao expor que *"enxergar o desenvolvimento apenas como um processo de satisfação de necessidades restringe muito a dimensão do problema. A questão do desenvolvimento sustentável está relacionada à possibilidade de que as gerações futuras continuem o processo de expansão das liberdades"*[29], retomando o pesquisador o pensamento de Amartya Sen. Ainda, afirma que *"a liberdade de as gerações futuras usufruírem um ar limpo ou uma bela paisagem pode não ter nenhuma relação com satisfação de necessidades ou mesmo com o padrão de vida das sociedades"*[30]. Nesses termos, o direito ao meio ambiente categorizado pela Constituição como *"ecologicamente equilibrado"* transpassa a simples satisfação humana, indo além, focando na qualidade e preservação da Natureza independentemente de como a sociedade prega ser um padrão de vida adequado.

Nos últimos anos, ganharam força os estudos referentes aos "Direitos da Natureza", sob a ótica do Bem Viver (*sumak kansay*, para os povos andinos). Um dos mais proeminentes estudiosos do tema é o equatoriano Alberto Acosta que, na posição de constitucionalista, ajudou a introduzir de forma pioneira, na Constituição do Equador, a clara inclusão de que a Natureza é sujeita de direitos. Segundo esse texto constitucional, a Natureza tem *"o direito de ser respeitada plenamente a sua existência e a manutenção e regeneração dos seus ciclos de vida, estrutura, funções e processos evolutivos"*.[31]

Alberto Acosta aduz que:

"(...) nos Direitos da Natureza, o centro está na Natu-

---

[29] CECHIN, Andrei. *A natureza como limite da economia: a contribuição de Nicholas Georgescu-Roegen*. São Paulo: SENAC/EDUSP. 2010, p. 177.

[30] CECHIN, Andrei. *A natureza como limite da economia: a contribuição de Nicholas Georgescu-Roegen*. São Paulo: SENAC/EDUSP. 2010, p. 177.

[31] Do original em espanhol: "Art. 71.- La naturaleza o Pacha Mama, donde se reproduce y realiza la vida, tiene derecho a que se respete integralmente su existencia y el mantenimiento y regeneración de sus ciclos vitales, estructura, funciones y procesos evolutivos.
Toda persona, comunidad, pueblo o nacionalidad podrá exigir a la autoridad pública el cumplimiento de los derechos de la naturaleza. Para aplicar e interpretar estos derechos se observarán los principios establecidos en la Constitución, en lo que proceda.
El Estado incentivará a las personas naturales y jurídicas, y a los colectivos, para que protejan la naturaleza, y promoverá el respeto a todos los elementos que forman un ecosistema." (https://www.oas.org/juridico/pdfs/mesicic4_ecu_const.pdf - acesso em 26/03/2018)

> *reza, que, certamente, inclui o ser humano. A Natureza vale por si mesma, independentemente da utilidade ou dos usos que se lhe atribua. [...] Estes direitos não defendem uma Natureza intocada, que nos leve, por exemplo, a deixar de cultivar a terra, de pescar ou de criar animais. Estes direitos defendem a manutenção dos sistemas de vida – do conjunto da vida. Sua atenção se volta aos ecossistemas, às coletividades, não aos indivíduos. Pode-se comer carnes, peixes e grãos, por exemplo, desde que se assegure que os ecossistemas sigam funcionando com suas espécies nativas."* [32]

Há, na fundamentação trazida por Acosta, uma aproximação da nossa interpretação da Constituição Federal brasileira, ao passo que esta não exclui a possibilidade de se desenvolver atividades econômicas, o que seria deveras desarrazoado. O Constituinte brasileiro buscou tão somente instituir que essas atividades devem levar em consideração a variável ambiental, a qual é objetivo primário de proteção, conservação e recuperação. O *"meio ambiente ecologicamente equilibrado"* do artigo 225, caput, da nossa Carta Magna é, em curtas palavras, um chamamento à conservação da Natureza, aí incluídos os seres humanos, a fauna, a flora, toda a biota e demais componentes da vida na Terra.

Quanto ao tema, o deputado constitucionalista Fábio Feldmann (2018)[33] esclarece:

> *"Hoje, ao consultar o texto constitucional, é possível questionar o fato de não constar entre os direitos fundamentais do artigo 5º o direito ao meio ambiente ecologicamente equilibrado. Como se optou por colocá-lo no artigo 225, iniciando-se com a palavra "todos", não é improvável que se interprete o texto de maneira a abranger, além dos seres humanos, outras "entidades" como rios e animais, a exemplo do que já ocorre em algumas partes do mundo".*

Ainda, o jurista Herman Benjamin expõe:

> *"Hoje, poucos negariam que a natureza é a nossa Casa. A partir disso, estamos a um passo para aceitar que não somos uma entidade à parte dos ecossistemas que*

---

[32] ACOSTA, Alberto. O Bem Viver: uma oportunidade para imaginar outros mundos. São Paulo: Autonomia Literária. 2016, p. 131.
[33] FELDMANN, Fábio. Breves anotações sobre a Constituinte. Em LIMA, André (org.). 30 anos da Constituição de 1988 e os direitos socioambientais: história, avanços e desafios. P. 28.

> *nos cercam, mas apenas um fragmento entre muitos, e cuja saúde depende da saúde do todo. [...] Se é verdade que nem toda a proteção ambiental é explicável pela perspectiva do resguardo utilitarista do ser humano (tome-se, p. ex., a proibição legal de crueldade contra animais, vedação esta que já é bem antiga em certos países, inclusive no Brasil), por outro lado, ao se reconhecer valor intrínseco à natureza termina-se, como regra, por tutelar os humanos que dela dependem. A rigor, essas duas preocupações – com a natureza e com o ser humano – são, na realidade, indivisíveis. O controle da poluição é necessário à proteção da saúde humana, mas é igualmente essencial à tutela do meio ambiente, em si considerado, pois os mesmo poluentes nocivos ao ser humano, também afetam a vida em terra e no mar."*[34]

É esse o espírito da nossa legislação ambiental: a incorporação do ser humano à Natureza preservada. Defendê-la, em última análise, configura proteger o próprio Homem, sejam as presentes ou as futuras gerações. Temos, aí, uma aproximação dos ideais defendidos por Acosta no Equador e a análise do sentido dado ao cabedal normativo ambiental brasileiro. Sem dúvida, os direitos da Natureza estão incorporados na nossa legislação, logicamente em menor medida do que na Constituição do Equador, tendo em vista o momento histórico em que cada uma foi concebida.

Devemos rememorar que a Constituição Federal brasileira foi cunhada ao mesmo tempo em que avançava, no âmbito internacional, alguns dos maiores debates e formulação de documentos ambientais da história. Lembremos, por exemplo, as realidades trazidas pelos eventos ambientais extremos das últimas décadas (desastre de Chernobyl, poluição do ar e degradação ambiental na cidade de Cubatão, contaminação no Love Canal, dentre outros), bem como a elaboração do Relatório Brundtland e de algumas das mais importantes normas ambientais brasileiras. Eram, pois, tempos de construção de uma efetiva consciência ambiental em território ainda nebuloso. Já o atual texto da Constituição do Equador foi promulgado no ano de 2008, ou seja, 20 anos após o nosso texto constitucional. Nesse período, os estudos e discussões em torno da temática ambiental avançaram de forma vertiginosa. Maturaram-se as ideias e solidificaram-se realidades catastróficas, como as mudanças

---

[34] BENJAMIN, Antonio Herman. *A Natureza no Direito Brasileiro: coisa, sujeito ou nada disso.* Em *Revista do Programa de Pós-Graduação em Direito da UFC – Volume 31*. Fortaleza: Edições Universidade Federal do Ceará. 2011, p. 93-96.

climáticas e os desastres ambientais (locais e globais). Ainda, houve significativo avanço na unicidade mundial na defesa do meio ambiente, sendo realizados anualmente centenas de fóruns, congressos e debates dos mais diversos temas relacionados à Natureza.

Não se olvida da importância do texto equatoriano, o qual deu o impulso para que outras constituições também incorporem no seu bojo os direitos da Natureza. No entanto, é de extrema relevância ter em mente que seria deveras difícil a nossa Carta Magna, à época e por emendas posteriores, avançar para um texto tão explícito quanto o equatoriano. Devemos entender os debates da época e fazer uma interpretação constitucional conforme.

O dispositivo basilar da nossa legislação ambiental é o já citado artigo 225 da Constituição Federal de 1988, o qual está inserido no Título VIII – Da Ordem Social. Refletindo os anseios e conclusões da Comissão Brundtland, principalmente do seu documento "Nosso Futuro Comum", bem como as demais discussões ambientais em todo o mundo, a Constituição trouxe 3 (três) aspectos principais: (i) a necessária garantia da salubridade e preservação ambiental, equacionado na expressão "meio ambiente ecologicamente equilibrado"; (ii) que o meio ambiente é bem de uso comum do povo, mas não exclusivo; e (iii) a garantia ao direito intergeracional de meio ambiente sadio e preservado.

Indubitável apontar que, diferentemente do quanto se explora em diversas discussões sobre o tema, o meio ambiente não foi elevado na Constituição Federal de 1988 como patrimônio do Homem, no sentido de ser passível de exploração indiscriminada e para o seu bel prazer, mas sim como algo a ser preservado. Tal assertiva é verdadeira, ao ponto que se determinou que todos tem direito ao meio ambiente ecologicamente equilibrado, não sendo delimitado que a palavra "todos" se refere somente ao ser humano, podendo ser ampliado à fauna, flora e demais componentes da Natureza. A bem da verdade, a atividade econômica em grande parte beneficia sujeitos determinados, classes estritamente delimitadas. Pergunta-se: qual o benefício dos indígenas e das comunidades tradicionais quando da construção de uma hidrelétrica de portes faraônicos? E mais, em que medida a fauna e a flora se beneficiarão da instalação de uma grande mineradora no interior de uma Unidade de Conservação?

Inclusive, destaque-se que o artigo 170 da Carta Magna[35] estatui que a ordem econômica será desenvolvida, dentre tantos princípios, com vistas a

---

[35] Art. 170. A ordem econômica, fundada na valorização do trabalho humano e na livre iniciativa, tem por fim assegurar a todos existência digna, conforme os ditames da justiça social, observados os seguintes princípios:
[...]
VI - defesa do meio ambiente, inclusive mediante tratamento diferenciado conforme o impacto ambiental dos produtos e serviços e de seus processos de elaboração e prestação; [...]

defender o meio ambiente. Ou seja, manteve-se a ideologia já exposta desde a Política Nacional do Meio Ambiente de que há, sim, a possibilidade de se desenvolver atividade que impacte o meio ambiente. Contudo, o fundamento do legislador (e, no caso, o Constituinte) é a recuperação e preservação da qualidade ambiental.

Ainda, importante salientar que um dos fundamentos da Carta Magna é a dignidade da pessoa humana, tendo como objetivos "construir uma sociedade livre, justa e solidária", "promover o bem de todos" e "garantir o desenvolvimento nacional", os quais, como visto, não podem ser vistos como dissociados da proteção da Natureza. A Constituição Federal busca organizar a sociedade e suas relações como um todo, não estando disposto no seu texto que o meio ambiente pode ser degradado ou explorado para satisfazer as necessidades do ser humano, mas sim que deve ser por este protegido, inclusive na medida em que as atividades econômicas avançam. O fato de estar o capítulo relativo ao meio ambiente incluído num título da Ordem Social não significa que está se regulamentando somente o meio ambiente em favor do ser humano, mas também a salubridade, qualidade, proteção e recuperação da Natureza como um todo, incluindo o ser humano. Portanto, a Constituição Federal, apesar de não dispor tão claramente sobre isso, buscou regulamentar tal relação entre economia e meio ambiente.

O jurista Paulo Affonso Leme Machado, ao dissertar sobre os caminhos possíveis das normas constitucionais, explica:

> *"O terceiro caminho coloca o homem como o centro das preocupações do desenvolvimento sustentado. Onde há centro, há periferia. O fato de o homem estar no centro das preocupações como afirma o mencionado princípio n.1, não pode significar um homem desligado e sem compromissos com as partes periféricas ou mais distantes de si mesmo. Não é o homem isolado ou fora do ecossistema, nem o homem agressor desse ecossistema."*[36]

Percebe-se, conforme exposto pelo eminente professor, que mesmo que se entenda que a Constituição Federal buscou precipuamente defender direitos do Homem, tal fato não está dissociado da proteção da Natureza, tendo em vista ser parte do todo. Uma polarização entre Homem e Natureza, ou mesmo uma subordinação da Natureza aos anseios humanos, é um atentado a própria sobrevivência da Humanidade. Conforme explora Alberto Acosta:

> *"A economia deve submeter-se à ecologia. Por uma razão muito simples: a Natureza estabelece os limites e al-*

---

[36] MACHADO, Paulo Affonso Leme. *Estudos de Direito Ambiental*. São Paulo: Malheiros. 1994, p. 18.

cances da sustentabilidade e a capacidade de renovação que possuem os sistemas para autorrenovarse. Disso dependem as atividades produtivas. Ou seja: se se destrói a Natureza, destroem-se as bases da própria economia."[37]

No âmbito internacional, os Tribunais têm entendido que a Natureza é sujeito de direitos, sendo a sua proteção e preservação um objetivo primário. Em novembro de 2017 tivemos, pela primeira vez no Brasil, a propositura de uma ação judicial por um ente ambiental: o Rio Doce[38]. Tal iniciativa adveio da Associação Pachamama, a qual, ante o desastre ambiental do rompimento da barragem de Fundão da mineradora Samarco, buscou a tutela e proteção dos direitos da Bacia Hidrográfica do Rio Doce, bem como o seu reconhecimento como sujeito de direitos. Essa movimentação no Judiciário brasileiro, caso seja reconhecida a legitimidade e os direitos pleiteados, estará indo de encontro ao que já ocorre em outros Tribunais da América do Sul.

No Equador, tivemos a propositura da Ação 11121-2011-0010 na cidade de Loja, a qual visava a proteção dos direitos do Rio Vilcabamba ante as degradações ambientais perpetradas pela Prefeitura de Loja, quando das obras de abertura de estrada local. O Juízo, ao verificar os autos, afirmou que as obras foram desenvolvidas sem o devido licenciamento ambiental, havendo a disposição de entulho e demais resíduos no corpo hídrico, causando degradação ambiental. Com isso, e por aplicação do recente texto constitucional equatoriano, foi reconhecida a transgressão aos direitos da Natureza de ser respeitada integralmente a sua existência, manutenção e regeneração[39].

Ainda, tivemos na Colômbia a propositura do Expediente T-5.016.242, no qual o Centro de Estudios para la Justicia Social "Tierra Digna" requer que as intensas atividades de extração minerária e de extratos florestais ilegais nas proximidades do Rio Atrato sejam cessadas, posto que estão degradando o meio ambiente e gerando consequências para as comunidades locais. Houve, na decisão[40], o reconhecimento dos direitos de todos os componentes da Natureza, ante a sua complementariedade e importância dentro do sistema global. Possuem, pois, direitos per se, conforme trecho abaixo:

> *"Com efeito, a natureza e o meio ambiente são um elemento transversal da ordem constitucional colombia-*

---

[37] ACOSTA, Alberto. *O Bem Viver: uma oportunidade para imaginar outros mundos*. São Paulo: Autonomia Literária. 2016, p. 121.
[38] https://www.ongpachamama.org/single-post/2017/11/07/Uma-a%C3%A7%C3%A3o-pelos-rios-como-sujeitos-de-direito – acesso em 28/03/2018.
[39] https://pabloarturo10.files.wordpress.com/2013/07/proteccion-derechosnatura-loja-11.pdf - acesso em 28/03/2018.
[40] http://www.corteconstitucional.gov.co/relatoria/2016/t-622-16.htm - acesso em 28/03/2018.

na. Sua importância está, é claro, na atenção aos seres humanos que a habitam e na necessidade de ter um ambiente saudável para viver uma vida digna e em condições de bem-estar, mas também em relação aos outros organismos vivos com os quais o planeta é compartilhado, entendido como ações dignas de proteção em si mesmas. É sobre estar ciente da interdependência que nos conecta a todos os seres vivos na Terra; isto é, reconhecendo-nos como partes integrantes do ecossistema global – biosfera –, e não de categorias normativas de dominação, exploração simples ou utilidade.

(...)

Felizmente, no nível internacional (como visto desde o fundamento 5.11), uma nova abordagem legal chamada direitos bioculturais tem sido desenvolvida, cuja premissa central é a relação de profunda unidade e interdependência entre natureza e espécie humana, e que tem como consequência um novo entendimento sócio-legal em que a natureza e seu ambiente devem ser levados a sério e com plenos direitos. Isto é, como sujeitos de direitos.

(...)

Resolve: (...)

QUARTO.- RECONHECER o rio Atrato, sua bacia e afluentes como uma entidade sujeita aos direitos de proteção, conservação, manutenção e restauração pelo Estado e comunidades étnicas, como indicado na parte motivadora desta disposição nos fundamentos 9.27 a 9.32."[41]

---

41 Do original: "En efecto, la naturaleza y el medio ambiente son un elemento transversal al ordenamiento constitucional colombiano. Su importancia recae por supuesto en atención a los seres humanos que la habitan y la necesidad de contar con un ambiente sano para llevar una vida digna y en condiciones de bienestar, pero también en relación a los demás organismos vivos con quienes se comparte el planeta, entendidas como existencias merecedoras de protección en sí mismas. Se trata de ser conscientes de la interdependencia que nos conecta a todos los seres vivos de la tierra; esto es, reconocernos como partes integrantes del ecosistema global -biósfera-, antes que a partir de categorías normativas de dominación, simple explotación o utilidad. [...] 9.28. En este contexto, para la Sala resulta necesario avanzar en la interpretación del derecho aplicable y en las formas de protección de los derechos fundamentales y sus sujetos, debido al gran grado de degradación y amenaza en que encontró a la cuenca del río Atrato. Por fortuna, a nivel internacional (como se vio a partir del fundamento 5.11) se ha venido desarrollando un nuevo enfoque jurídico denominado derechos bioculturales, cuya premisa central es la relación de profunda unidad e interdependencia entre naturaleza y especie humana, y que tiene como consecuencia un nuevo entendimiento socio-jurídico en el que la naturaleza y su entorno deben ser tomados en serio y con plenitud de derechos. Esto es, como sujetos de derechos. [...]

Nesse sentido, e realizando-se o cotejo entre as legislações/estudos/decisões judiciais no âmbito internacional e na realidade brasileira, verifica-se que não há, de início, uma oposição da nossa Carta Magna ao reconhecimento de direitos além dos humanos. Há, pois, uma restrição de visão criada pelo próprio Homem e, por vezes, profissionais do meio jurídico. Veja-se que, por exemplo, são reconhecidos direitos dos animais, os quais não podem ser maltratados ou alvo de práticas cruéis.[42] [43]

Devemos rememorar que, ao longo da história da Humanidade, diversos dos direitos hoje solidificados e garantidos foram, a princípio, contestados ou alvo de privações e tidos como impensáveis ou desarrazoados. É o caso, por exemplo, dos direitos das mulheres, da libertação dos escravos e da igualdade racial. Conforme brilhantemente trazido por Acosta, é uma questão de "o direito a ter direitos"[44], o que é deveras dificultoso ante a cultura arraigada em cada um de nós.

Há mudanças simples, que pouco exigem da discussão na sociedade, mas há outras complexas e que quebram paradigmas, os quais são de difícil deglutição e aceitação. É, pois, o caso do reconhecimento da Natureza como sujeito de direitos e, mais do que isso, internalização de que o ser humano é também Natureza, de que somos parte de um todo planetário e único, integrando o Sistema Vida.

CUARTO.- RECONOCER al río Atrato, su cuenca y afluentes como una entidad sujeto de derechos a la protección, conservación, mantenimiento y restauración a cargo del Estado y las comunidades étnicas, conforme a lo señalado en la parte motiva de este proveído en los fundamentos 9.27 a 9.32." (http://www.corteconstitucional.gov.co/relatoria/2016/t-622-16.htm - acesso em 28/03/2018)

[42] Art. 225 [...]
§ 7º Para fins do disposto na parte final do inciso VII do § 1º deste artigo, não se consideram cruéis as práticas desportivas que utilizem animais, desde que sejam manifestações culturais, conforme o § 1º do art. 215 desta Constituição Federal, registradas como bem de natureza imaterial integrante do patrimônio cultural brasileiro, devendo ser regulamentadas por lei específica que assegure o bem-estar dos animais envolvidos.

[43] Lei Federal 9.605/98: "Art. 32. Praticar ato de abuso, maus-tratos, ferir ou mutilar animais silvestres, domésticos ou domesticados, nativos ou exóticos:
Pena – detenção, de três meses a um ano, e multa.
§ 1º Incorre nas mesmas penas quem realiza experiência dolorosa ou cruel em animal vivo, ainda que para fins didáticos ou científicos, quando existirem recursos alternativos.
§ 2º A pena é aumentada de um sexto a um terço, se ocorre morte do animal."

[44] "Ao longo da história, cada ampliação de direitos foi anteriormente impensável. A emancipação dos escravos ou o estabelecimento de direitos civis aos negros e às mulheres, por exemplo, foram um dia considerados absurdos. Foi necessário que ao longo da história se reconhecesse "o direito a ter direitos", e isso se obteve sempre com esforço político para mudar as visões, os costumes e as leis que negavam esses direitos. Não deixa de ser curioso que muitas das pessoas que se opõem a uma nova ampliação de direitos não tenham pudor algum em aceitar que se concedam direitos quase humanos a empresas – o que é uma grande aberração." (ACOSTA, Alberto. *O Bem Viver: uma oportunidade para imaginar outros mundos*. São Paulo: Autonomia Literária. 2016, p. 123)

13.2 INSTITUIÇÕES FINANCEIRAS, SEGURADORAS E MUDANÇA DO CLIMA

As instituições financeiras são importantes atores na gestão do ambiente e na mudança de postura e de mentalidade, especialmente dos entes privados. Assim, é importante que discussões acerca da pauta socioambiental e climática sejam internalizados nos negócios e nas diretrizes.

Assim, recentemente houve a publicação de normas[45] que trazem luz a debates acerca das variáveis sociais, ambientais e climáticos nas instituições financeiras. São elas:

- **Resolução BCB n° 139 de 15/9/2021** - Dispõe sobre a divulgação do Relatório de Riscos e Oportunidades Sociais, Ambientais e Climáticas (Relatório GRSAC).

- **Resolução BCB n° 140 de 15/9/2021** - Dispõe sobre a criação da Seção 9 (Impedimentos Sociais, Ambientais e Climáticos) no Capítulo 2 (Condições Básicas) do Manual de Crédito Rural (MCR).

- **Resolução CMN n° 4.943 de 15/9/2021** - Altera a Resolução n° 4.557, de 23 de fevereiro de 2017, que dispõe sobre a estrutura de gerenciamento de riscos, a estrutura de gerenciamento de capital e a política de divulgação de informações.

- **Resolução CMN N° 4.944, de 15/09/2021** - Altera a Resolução n° 4.606, de 19 de outubro de 2017, que dispõe sobre a metodologia facultativa simplificada para apuração do requerimento mínimo de Patrimônio de Referência Simplificado (PRS5), os requisitos para opção por essa metodologia e os requisitos adicionais para a estrutura simplificada de gerenciamento contínuo de riscos.

- **Resolução CMN n° 4.945 de 15/9/2021** - Dispõe sobre a Política de Responsabilidade Social, Ambiental e Climática (PRSAC) e sobre as ações com vistas à sua efetividade.

No âmbito das seguradoras, foi publicada a Circular SUSEP 666/2022, que dispõe sobre requisitos de sustentabilidade, a serem observados pelas sociedades seguradoras, entidades abertas de previdência complementar (EAPCs), sociedades de capitalização e resseguradores locais. Nessa diretriz cabe destacar que os riscos climáticos são divididos em três vertentes (art. 2, inciso II, alíneas "a" a "c"):

- **Riscos climáticos físicos**: possibilidade de ocorrência de perdas ocasionadas por eventos associados a intempéries frequentes e se-

---

[45] https://www.politicaporinteiro.org/2021/09/16/banco-central-quer-bancos-mais-verdes-com-gestao-de-riscos-climaticos-sociais-e-ambientais/ - Acessado em 18/08/2022.

veras ou a alterações ambientais de longo prazo, que possam ser relacionadas a mudanças em padrões climáticos;
- **Riscos climáticos de transição**: possibilidade de ocorrência de perdas ocasionadas por eventos associados ao processo de transição para uma economia de baixo carbono, em que a emissão de gases do efeito estufa é reduzida ou compensada e os mecanismos naturais de captura desses gases são preservados; e
- **Riscos climáticos de litígio**: possibilidade de perdas ocasionadas por sinistros em seguros de responsabilidade ou ações diretas contra a supervisionada, ambos em função de falhas na gestão de riscos climáticos físicos ou de transição.

Cumpre ressaltar que há precedente no STJ que estabelece haver nexo causal de responsabilidade por dano ambiental para diversos agentes, dentre eles "quem financia":

> "PROCESSUAL CIVIL E AMBIENTAL. NATUREZA JURÍDICA DOS MANGUEZAIS E MARISMAS. TERRENOS DE MARINHA. ÁREA DE PRESERVAÇÃO PERMANENTE. ATERRO ILEGAL DE LIXO. DANO AMBIENTAL. RESPONSABILIDADE CIVIL OBJETIVA. OBRIGAÇÃO PROPTER REM. NEXO DE CAUSALIDADE. AUSÊNCIA DE PREQUESTIONAMENTO. PAPEL DO JUIZ NA IMPLEMENTAÇÃO DA LEGISLAÇÃO AMBIENTAL. ATIVISMO JUDICIAL. MUDANÇAS CLIMÁTICAS. DESAFETAÇÃO OU DESCLASSIFICAÇÃO JURÍDICA TÁCITA. SÚMULA 282/STF. VIOLAÇÃO DO ART. 397 DO CPC NÃO CONFIGURADA. ART. 14, § 1°, DA LEI 6.938/1981.
>
> (...)
>
> 13. Para o fim de apuração do nexo de causalidade no dano ambiental, equiparam-se quem faz, quem não faz quando deveria fazer, quem deixa fazer, quem não se importa que façam, **quem financia para que façam**, e quem se beneficia quando outros fazem."
>
> (STJ, Segunda Turma, REsp 650728 / SC, Relator Ministro Herman Benjamin, julgado em 23/10/2007 – Destacamos)

14 - REFERÊNCIAS BIBLIOGRÁFICAS

ACOSTA, Alberto. O Bem Viver: uma oportunidade para imaginar outros mundos. São Paulo: Autonomia Literária. 2016.

ANTUNES, Paulo de Bessa. Dano Ambiental: Uma abordagem conceitual. São Paulo: Atlas. 2015.

ANTUNES, Paulo de Bessa. Comentários Ao Novo Código Florestal. 2ª edição. São Paulo: Atlas. 2014.

ÁVILA, Humberto. Teoria dos Princípios. 20ª edição. São Paulo: Malheiros. 2021.

BECHARA, Erika. Licenciamento e compensação ambiental na Lei do Sistema Nacional das Unidades de Conservação. São Paulo: Editora Atlas. 2009.

BENJAMIN, Antonio Herman. A Natureza no Direito Brasileiro: coisa, sujeito ou nada disso. Em Revista do Programa de Pós-Graduação em Direito da UFC – Volume 31. Fortaleza: Edições Universidade Federal do Ceará. 2011.

BOFF, Leonardo. Ecologia: Grito da Terra, Grito dos Pobres. Rio de Janeiro: Vozes. 2015.

BRASIL. Lei Federal 6.938, de 31 de agosto de 1981. Dispõe sobre a Política Nacional do Meio Ambiente, seus fins e mecanismos de formulação e aplicação, e dá outras providências. Disponível em: http://www.planalto.gov.br/ccivil_03/leis/L6938compilada.htm. Acesso em: 08 abr. 2022.

_____. Constituição da República Federativa do Brasil. Disponível em: http://www.planalto.gov.br/ccivil_03/constituicao/constituicao.htm. Acesso em: 08 abr. 2022.

_____. Lei Complementar 140, de 8 de dezembro de 2011. Fixa normas, nos termos dos incisos III, VI e VII do *caput* e do parágrafo único do art. 23 da Constituição Federal, para a cooperação entre a União, os Estados, o Distrito Federal e os Municípios nas ações administrativas decorrentes do exercício da competência comum relativas à proteção das paisagens naturais notáveis, à proteção do meio ambiente, ao combate à poluição em qualquer de suas formas e à preservação das florestas, da fauna e da flora; e altera a Lei nº 6.938, de 31 de agosto de 1981. Disponível em: http://www.planalto.gov.br/ccivil_03/leis/lcp/lcp140.htm. Acesso em: 08 abr. 2022.

_____. Lei Federal 9.605, de 12 de fevereiro de 1998. Dispõe sobre as sanções penais e administrativas derivadas de condutas e atividades lesivas ao meio ambiente, e dá outras providências. Disponível em: http://www.planalto.gov.br/ccivil_03/leis/l9605.htm. Acesso em: 08 abr. 2022.

_____. Decreto Federal 6.514, de 22 de julho de 2008. Dispõe sobre as infrações e sanções administrativas ao meio ambiente, estabelece o processo administrativo federal para apuração destas infrações, e dá outras providências. Disponível em: http://www.planalto.gov.br/ccivil_03/_ato2007-2010/2008/decreto/d6514.htm. Acesso em: 08 abr. 2022.

_____. Lei Federal 7.347, de 24 de julho de 1985. Disciplina a ação civil pública de responsabilidade por danos causados ao meio-ambiente, ao consumidor, a bens e direitos de valor artístico, estético, histórico, turístico e paisagístico (VETADO) e dá outras providências. Disponível em: http://www.planalto.gov.br/ccivil_03/leis/L7347Compilada.htm. Acesso em: 09.out.2022.

CAPRA, Fritjof. A Teia da Vida. São Paulo: Cultrix. 1996.

CECHIN, Andrei. A natureza como limite da economia: a contribuição de Nicholas Georgescu-Roegen. São Paulo: SENAC/EDUSP. 2010.

COIMBRA, José de Ávila Aguiar. O outro lado do meio ambiente: uma incursão humanista na questão ambiental, Milennium Editora, 2002.

Comissão Mundial sobre o Meio Ambiente e Desenvolvimento. Nosso Futuro Comum. 2ª edição. Editora FGV: Rio de Janeiro. 1991.

CONAMA. Resolução CONAMA 1, de 23 de janeiro de 1986. Dispõe sobre critérios básicos e diretrizes gerais para a avaliação de impacto ambiental. Disponível em: http://conama.mma.gov.br/?option=com_sisconama&task=arquivo.download&id=745. Acesso em: 08 abr. 2022.

_____. Resolução CONAMA 237/1997. Dispõe sobre a revisão e complementação dos procedimentos e critérios utilizados para o licenciamento ambiental. Disponível em: http://conama.mma.gov.br/?option=com_sisconama&task=arquivo.download&id=237. Acesso em: 08 abr. 2022.

DAHL, Arthur Lyon. O Princípio Ecológico: Ecologia e economia em simbiose, Instituto Piaget, 1996.

DIEGUES, Antonio Carlos. O mito moderno da natureza intocada. 6ª edição. São Paulo: HUCITEC. 2008.

FREITAS, Gilberto Passos de. Ilícito Penal Ambiental e Reparação do Dano. São Paulo: RT, 2005.

LEITE, José Rubens Morato. AYALA, Patryck de Araújo. Dano Ambiental. 7ª edição. São Paulo: RT, 2015.

LUTZEMBERGER, José. Manifesto Ecológico Brasileiro: Fim do Futuro?. 4ª edição. Porto Alegre: Movimento. 1980.

MACHADO, Paulo Affonso Leme. Estudos de Direito Ambiental. São Paulo: Malheiros. 1994.

MACHADO, Paulo Affonso Leme; ARAGÃO, Maria Alexandra. Princípios de Direito Ambiental. São Paulo: Editora JusPodivm, 2022.

MELLO, Celso Antônio Bandeira de. Curso de Direito Administrativo. 28ª edição. São Paulo: Malheiros, 2011.

MILARÉ, Édis. Direito do Ambiente. 10ª edição. São Paulo: RT, 2015.

Milaré, Édis; MACHADO, Paulo Affonso Leme. Novo Código Florestal. 2ª edição. São Paulo: RT, 2013.

NETO, Nicolao Dino; FILHO, Ney Bello; DINO, Flávio. Crimes e Infrações Administrativas Ambientais. 3ª edição. Belo Horizonte: Del Rey, 2011.

OJIDOS, Flavio. Conservação em ciclo contínuo: Como gerar recursos com a natureza e garantir a sustentabilidade financeira de RPPNs. São Paulo: Essential Idea. 2018.

SACHS, Ignacy. Ecodesenvolvimento: Crescer sem destruir. São Paulo: Vértice. 1986.

SACHS, Ignacy. Qual desenvolvimento para o século XXI?. Em BARRÈRE, Martine (coord.). Terra, patrimônio comum: a ciência a serviço do meio ambiente e do desenvolvimento. São Paulo: Nobel. 1992.

SÁNCHEZ, L. E. Avaliação de impacto ambiental: conceitos e métodos. 3ª edição. São Paulo: Oficina de Textos. 2020.

_____. Avaliação de impacto ambiental: conceitos e métodos. 2ª edição. São Paulo: Oficina de Textos. 2013.

SARLET, Ingo Wolfgang; FENSTERSEIFER, Tiago. Princípios do Direito Ambiental. 2ª edição. São Paulo: Saraiva, 2017.

SILVA, José Afonso da. O ser das regras, das normas e dos princípios constitucionais. Em Revista do Ministério Público. Número 47. Rio de Janeiro: MPRJ, 2013.

STEIGLEDER, Annelise Monteiro. Responsabilidade Civil Ambiental – as dimensões do dano ambiental no Direito Brasileiro. 3ª edição. São Paulo: Livraria do Advogado, 2017.

LINKS

https://www.politicaporinteiro.org/2021/09/16/banco-central-quer-bancos-mais-verdes-com-gestao-de-riscos-climaticos-sociais-e-ambientais/ - Acessado em 18/08/2022.

https://www.ongpachamama.org/single-post/2017/11/07/Uma-a%C3%A7%C3%A3o-pelos-rios-como-sujeitos-de-direito – acesso em 28/03/2018.

https://pabloarturo10.files.wordpress.com/2013/07/proteccion-derechosnatura-loja-11.pdf - acesso em 28/03/2018.

http://www.corteconstitucional.gov.co/relatoria/2016/t-622-16.htm - acesso em 28/03/2018.

http://www.corteconstitucional.gov.co/relatoria/2016/t-622-16.htm - acesso em 28/03/2018.

https://www.oas.org/juridico/pdfs/mesicic4_ecu_const.pdf - acesso em 26/03/2018.

https://www.politicaporinteiro.org/2021/04/14/nova-norma-dificulta-apuracao-de-infracoes-administrativas-ambientais/ - Acessado em 15/08/2022.

https://www.politicaporinteiro.org/2022/05/26/decreto-sobre-infracoes-ambientais-desburocratiza-mas-dificulta-aumento-da-multa/ - Acessado em 15/08/2022.

https://terradedireitos.org.br/uploads/arquivos/Quadro-ADIs-Codigo-Florestal-final.pdf - Acesso em 06/06/2022.

https://www.iabnacional.org.br/noticias/iab-considera-inconstitucional-decisao-do-conama-que-revogou-regras-de-protecao-ambiental - Acessado em 15/08/2022.

https://www.conjur.com.br/2021-fev-14/ambiente-juridico-compensacao-ambiental-artigo-36-snuc - Acessado em 17/08/2022.

https://www.revista-pub.org/post/na-04 - Acessado em 17/08/2022.

https://www.politicaporinteiro.org/2022/07/15/o-objetivo-e-subjetivo--mudanca-de-entendimento-no-ibama-pode-dificultar-fiscalizacoes/ - Acessado em 15/08/2022.

https://www.gov.br/ibama/pt-br/acesso-a-informacao/institucional/arquivos/ojn/ojn_26_2011_natureza_da_responsabilidade_administrativa_ambiental.pdf - Acessado em 14/08/2022.

https://www.in.gov.br/en/web/dou/-/despacho-415116625 - Acessado em 14/08/2022.